〔英〕大卫·迈克尔·史密斯 David Michael Smith 著 —————— 宣奔昂 译

口袋博物馆

古希腊 /////////// U N R E A D

Pocket Museum:
Ancient Greece

上海文化出版社

目录

前言   6

地图   10

从旧石器时代的黎明到早期青铜时代的黄昏   13
    约公元前20万年—前2050年

爱琴海的中晚期青铜时代   59
    约公元前2050—前1190年

后宫殿青铜时代和早期铁器时代   127
    约公元前1190—前700年

古风时期和古典时期   151
    公元前700—前323年

希腊化时期   231
    公元前323—前31年

词汇表   276

索引   278

博物馆索引   284

图片出处说明   289

致谢   293

前言

1801 年 7 月 31 日早晨，雅典卫城（Acropolis）的一支六人小队踩着脚手架攀上帕特农神庙（Athena Parthenos），开始拆除神庙南侧的一面雕塑檐壁。檐壁的前身是一块开采自雅典东北部彭特里肯（Pentelikon）山脉的大理石，它与其他水平的板块构成多立克柱的檐壁，檐壁刻画了希腊神话中拉皮斯人（Lapiths）与半人马之间的战斗。小队在二十个希腊人的协助下作业，受雇于托马斯·布鲁斯（Thomas Bruce）。身为第七代埃尔金伯爵的布鲁斯，是英国派往奥斯曼帝国的大使，获得了君士坦丁堡总督的特许函，被批准绘制、铸造和移运雅典卫城的建筑构件。此次作业任务艰巨，一整天的工夫只拆下一面檐壁。到了 1804 年 1 月，帕特农神庙、雅典娜胜利神庙（Athena Nike）、伊瑞克提翁神庙（Erechtheion）和通往神殿的卫城山门（Propylaia）都有建筑构件被埃尔金拆除运出。

　　现代欧洲文化遗产的故事由此变得激荡，走向政治化的巅峰，然而人们对古希腊的兴趣却有着更为悠久的历史。两千多年来，学者、古文物研究者与收藏者对古希腊的关注从未止息。自始至终，希腊的"过去"都处在一种不断被重塑和改造的状态，不同时代对它的毁誉也随着政治意识形态的流转而变化。如今，希腊的"过去"构成了现代希腊文化认同的基础。

　　罗马的精英阶层热衷于消费希腊文化，从共和国后期开始，希腊的文物便被达官贵人私藏。与现今无异，彼时拥有古董即是权势、财富与智慧的象征。据保塞尼亚斯（Pausanias）记载，尼禄（Nero）在位期间（公元 54—68 年）将阿波罗神殿中约五百件青铜器从德尔斐（Delphi）运到罗马，当时的收藏者诺维厄斯·芬迪克斯（Novius Vindex）拥有古典时期最知名的雕塑名家作品。完整的雕塑产业在罗马逐渐成形，开始提供早期希腊文物的大理石复制品以满足定制需求。然而随着西罗马帝国的倾覆与正统基督教的起步，对"异教"文化的排斥和对偶像崇拜的反对使战乱中的人们对古希腊的兴趣逐步衰减。整个希腊的历史被归入当地民间传说，历史遗迹成为断壁残垣，包括帕特农神庙在内的一小部分建筑被教会占有。

　　对希腊历史的重新发现始于文艺复兴时期，罗马及其以外的神殿出土了一批激发过帝国想象的雕像，其中就包括《贝尔维德尔的阿波罗》（The Apollo Belvedere）和《拉奥孔》（Laocoön）。到了 16 世纪后期，对希腊地理、历史和古物的爱好在欧洲大陆的文人中传播开来，不久这股风气就弥散到了英国。

1675 年，法国医生雅克·斯庞（Jacques Spon）和英国植物学家乔治·威勒（George Wheler）开创希腊"考古之旅"的先河，走遍了科林斯（Corinth）、埃莱夫西斯（Eleusis）、马拉松（Marathon）和梅加拉（Megara）。他们是最初也是最后一批看到完好无损的帕特农神庙的欧洲考古学家，之后帕特农神庙（1460 年起变成伊斯兰教寺院）就被多杰·莫罗西尼（Doge Morosini）率领的威尼斯军队毁坏。1683 年，阿什莫尔博物馆（Ashmolean Museum）在牛津成立；18 世纪初，希腊开始吸引更多勇敢的"壮游者"注意，他们多是即将担任政治或军事要职的英国年轻男性贵族。关于希腊和意大利文物的重要研究出现在 18 世纪后期，约翰·温克尔曼（Johann Winckelmann）的《古代艺术史》（*Art in Antiquity*，1764）引发了人们对希腊艺术欣赏的巨变。1759 年 1 月 15 日，大英博物馆（British Museum）正式对外开放，成为世界上第一个国家公共博物馆。

19 世纪早期，日益瞩目的希腊迎来第一位美国"壮游者"——来自费城（Philadelphia）的律师尼古拉斯·比德尔（Nicholas Biddle）。与此同时，欧洲古文物家搬走了位于埃莱夫西斯和巴赛（Bassae）的主要雕塑作品。来自埃伊纳岛（Aegina）的雕塑被安置在专门建造的慕尼黑古代雕塑展览馆（Munich Glyptothek），《米洛斯的维纳斯》（*Venus de Milo*）被安置在卢浮宫。负责回收维纳斯雕像的法国海军少尉奥利维尔·武捷（Olivier Voutier）随后在希腊独立战争期间（1821—1830 年）辞职，为希腊而战——同数百名欧洲人和美国人一样，对古希腊的热爱促使他们去亲身参与塑造这片土地的未来。

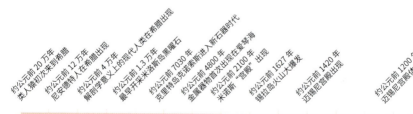

约公元前 20 万年
类人猿初次来到希腊

约公元前 12 万年
尼安德特人在希腊出现

约公元前 4 万年
解剖学意义上的现代人类在希腊出现

约公元前 1.3 万年
最早开采米洛斯岛黑曜石

约公元前 7030 年
克里特岛克诺索斯进入新石器时代

约公元前 4800 年
金属器物首次出现在爱琴海

约公元前 2100 年
米诺斯"宫殿"出现

约公元前 1627 年
锡拉岛火山大爆发

约公元前 1420 年
迈锡尼宫殿出现

约公元前 1200 年
迈锡尼宫殿体系崩溃

从旧石器时代至青铜时代早期	青铜时代中晚期	
公元前 20 万年	公元前 2100/2050 年	公元前 1190 年

随着现代国家的建立，希腊国内考古学发展成熟。古物被禁止出口，首个国家博物馆在开国首都埃伊纳岛（1829年）建立起来。希腊中央考古委员会于1833年成立，在雅典考古学会的支持下，开始将研究扩展到古典时期以外更早的时期。希腊国立考古博物馆（The National Archaeological Museum）于1866年建于雅典。外国的考古学校在雅典建立，首批挖掘作业在获得许可后进行——提洛岛（Delos）的考古由法国负责（1873年），奥林匹亚（Olympia）的考古由德国领导（1875年）。海因里希·施里曼（Heinrich Schliemann）在特洛伊和迈锡尼（Mycenae）的考古工作（分别从1870年和1876年开始）将希腊史前历史置于聚光灯下，为20世纪早期亚瑟·埃文斯爵士（Sir Arthur Evans）在克诺索斯（Knossos）的发掘做了铺垫。

今天，希腊中央考古委员会和持证作业的外国机构继续进行着挖掘工作，材料分析学的新技术和新方法被应用于研究新出土的和以往出土的文物，研究人员比过去更加了解希腊的历史。本书展示了近二百件收藏于世界各地博物馆的古希腊文物，时间跨度上至最早的史前时期，下到希腊化时期。五个章节按时间顺序排列，分别探讨了社会与家庭、艺术与个人装饰、政治与战争、葬礼与仪式等主题，借助最新的研究试图厘清二十万年来希腊世界的文化发展与变迁。

公元前776年
传统奥林匹亚赛会创立

约公元前775年
希腊字母表出现

约公元前720年
黑绘陶器出现

约公元前550年
希腊青币出现

公元前480年
波斯侵略希腊

公元前479年
普拉塔亚战役

公元前336年
马其顿国王腓力二世被暗杀

公元前31年
亚克兴战役

后宫殿青铜时代和早期铁器时代	古风时期和古典时期	希腊化时期

公元前1190年

公元前700年

公元前323年

公元前31年

亚得里亚海

韦约
● 罗马

卡诺萨
●

法萨诺
●

匹德库塞
●   ● 庞贝

帕埃斯图姆
●

塔拉斯
（今塔兰托）
●

第勒尼安海

里亚切
●

伊奥尼亚海

杰拉
●   ● 锡拉库萨

地中海

帕纳久里什泰

辛佐斯
韦尔吉纳
塞萨洛尼基
新尼科门迪亚
奥林索斯
特洛伊
米里纳
希腊
帕加马
爱琴海
普罗兹罗莫斯
迪米尼
塞斯克罗
多多纳
阿尔铁米西昂
斗基诺皮洛斯
勒夫坎第
德尔斐
底比斯
塔纳格拉
雅典
科林斯
伊斯米亚
卡兰德里亚尼
迈锡尼
科隆纳
提洛岛
阿尔戈斯
登德拉
梯林斯
福朗荷提洞穴
萨利亚哥斯岛
奥林匹亚
伊阿利索斯
斯巴达
皮洛斯
瓦斐奥
费拉科皮
马夫利斯皮利亚
阿克罗蒂里
安提凯希拉
马利亚
莫什劳斯
帕莱卡斯特罗和佩特索法斯
克诺索斯
扎克罗斯
卡马雷斯
瓦西利基
阿基亚特里亚达
费斯托斯

从觅食到农耕

左图这个颇具争议的头骨于1960年9月在希腊北部佩特拉罗纳（Petralona）的洞穴中被发现，它可能属于一个在35万至15万年前死亡的成年男性海德堡人，是希腊最早的古人类化石之一。

旧石器时代早期，狩猎采食者遍布希腊。他们可能是海德堡人（Homo heidelbergensis）或直立人（H. erectus），根据阿舍利（Acheulean）传统制造的石器证实了他们的存在。出土于罗迪亚（Rodia）和科基诺皮洛斯（Kokkinopilos）的样本至少有二十万年的历史，来自莱斯沃斯岛（Lesbos）和科孚岛（Corfu）的样本则更为古老。旧石器时代中期，一种新的莫斯特式（Mousterian）石器制造传统印证了尼安德特人（Homo neanderthalensis）在希腊出现过，而之后更先进的乌鲁兹式（Uluzzian）和奥里尼雅克式（Aurignacian）传统则标志着解剖学意义上现代人类的到来。两个物种短暂共存，而随着遗传多样性的减少和资源竞争的加剧，尼安德特人约于公元前39000年灭绝。

到了第四纪最后一个冰期——维尔姆冰期，人类对自我形象的认识、对死亡与丧葬的理解和对空间的观感有了新的变化。随着冰川减退，海平面的上升使得海岸线向内陆推进。气候变化影响了物种，进而影响了人类的狩猎和觅食行为。到了中石器时代初期，人类对沿海觅食和捕鱼的偏爱与海洋活动的增加同步，这一点在米洛斯岛黑曜石和萨罗尼克（Saronic）安山岩的流通与基斯诺斯岛（Kythnos）上马鲁拉斯（Maroulas）季节性村庄的建立中可发现。

新石器时代是农耕技术与文化的分水岭，最初的常住农业村庄开始驯养野生动植物。在克诺索斯，新石器时代的技术于公元前7030年左右出现，可能由移居者或是分享知识和材料的贸易往来者从安纳托利亚（Anatolia）传来。约在公元前6740年，农耕技术到达大陆的福朗荷提（Franchthi），后来约在公元前6500年传至希腊北部，在色萨利（Thessaly）的肥沃地区被广泛应用，那里一百人至三百人的部落之间相隔仅三千米。

制作陶器是人类生活进入新石器时代的重要变化和必由之路。新石器时代早期的器皿数量很少，形状和装饰颇为简单。然而到了新石器时代中期，陶器的制作被越发重视和精心处理，群族身份的认同赋予陶器全新的意义，特定风格的陶器与其他工艺品也远距离进行交易。新石器时代晚期，一些部落显示出社会分化的倾向。随着家庭变得更为重要，烹饪和农产品长期储存改变了人们对粮食生产、使用的所有权

迪斯皮里奥（Dispilio）的湖畔定居点由于水涝条件保留了许多新石器时代中期的精巧人工制品。下图，包括延伸到湖中的平台在内的重建村庄，还原了部分原始面貌。

这些箭头来自新石器时代中晚期的库福沃诺（Kouphovouno），由黑曜石和蜂蜜燧石制成。它们的存在说明狩猎觅食在新石器时代继续补充着主要以农牧业为基础的饮食结构。

观念。一些个人甚至可以凭借农业富余攫取权力。新石器时代晚期，随着克里特岛和大陆上的人们向高地和农业边缘地区迁移，基克拉泽斯群岛（the Cyclades）诞生了第一个长期部落。金属器物开始在爱琴海地区流转，反映着安纳托利亚、希腊和巴尔干半岛（the Balkans）之间的联系。新石器时代末期的人们偏爱希腊南部沿海的定居点，这或许反映了他们试图进入海洋网络的愿望，但从某些遗址的化石来看，这样的做法并非没有风险。他们与色萨利地区的交流关系变少，色萨利的居民锐减。

青铜时代早期，希腊大陆、克里特岛和基克拉泽斯群岛表现出鲜明的文化个性，在逐渐扩大的交换网络和技术创新的环境中，社会、文化和政治日益复杂。基克拉泽斯群岛的多数小型岛屿都被殖民，在锡罗斯岛（Syros）、凯阿岛（Kea）、纳克索斯岛（Naxos）和伊奥斯岛（Ios）上可以看到大型的定居点。基克拉泽斯群岛的工艺经济开始兴盛，爱琴海地区的贸易也水涨船高。尽管一些个人可能已经在经济上崛起，但"主要"精英阶层出现的证据并不充分，这也暗示着维持岛屿之间的关系需要一种不同的社会组织形式。

尽管不同地区存在差异，但在克里特岛也可以看到贸易、定居和工艺活动方面的类似发展。几个沿海地区与基克拉泽斯群岛关系密切。随着丧葬行为在展现财富和社会地位差异等方面变得越发重要，新型墓葬与进口陪葬品出现。克诺索斯、马利亚（Malia）和费斯托斯（Phaistos）等地的重组和建设为后来"宫殿"中心的出现做了铺垫。严重的破坏标志着希腊大陆和基克拉泽斯群岛早期青铜时代的结束，而克里特岛则在很大程度上见证了文化的加速，呼唤着米诺斯"宫殿"的出现。

双面手斧

不晚于公元前20万年
燧石·长：15厘米·旧石器时代早期后段
来自希腊，伊庇鲁斯（Epirus），科基诺皮洛斯
阿尔塔考古博物馆（Archaeological Museum of Arta），
希腊

来自格鲁吉亚、保加利亚和西班牙的证据表明，古人类在100多万年前迁徙到欧洲。在科基诺皮洛斯发现了有铸造工具的沉积地层，这证实他们出现在希腊的时间不晚于公元前20万年，其他地区可能更早。诸如此类的阿舍利式手斧可能被几个古人类物种使用，其中不乏沿着季节性狩猎路径穿越广阔土地的采食者。科基诺皮洛斯是一处露天营地，位于一个季节性湖泊的边缘，只有在融冰吸引到来自周围平原的猎物时，古人类才可能来这里。这样的砍削工具一般用于屠宰猎物。

莫斯特式叶形石尖

约公元前12万—前3万年
燧石·长: 5厘米·旧石器时代中期
来自希腊，拉科尼亚（Laconia），马尼（Mani），马夫
利斯皮利亚（Mavri Spilia）的洞穴
希腊南部古人类学和洞穴学协会（Ephorate of
Palaeoanthropology and Speleology of Southern
Greece），希腊，雅典

　　随着另一种石器制造模式的出现，希腊和欧洲其他地区进入了旧石器时代中期。莫斯特式工具标志着人类在原始技术上更进一步，包含了一系列全新的工具类型，例如右图所示的大而长的石尖，这种石尖可能与柄组合，被当作矛来使用。更重要的是，莫斯特式工具的制造传统与尼安德特人密切相关，他们的化石遗迹目前只在马伊纳半岛（Mani Peninsula）有发现。

陶碗

约公元前6500—前5800 年
陶·高: 6.2厘米, 碗沿直径: 14.4厘米·新石器时代早期
来自希腊, 色萨利, 卡尔季察达利 (Karatzadagli)
希腊国立考古博物馆, 希腊, 雅典

　　虽然有证据表明烧制黏土的试验早已有之, 但陶器制作正式开始于新石器时代早期。当时的陶器经手工塑形, 在室外的篝火上 (而非窑炉里) 烧制。早期的黏土配方多种多样, 人们试图通过调整配比来探索这种新技术的潜力。在这个阶段, 生产相较而言并不频繁。最常见的容器类型是单色装饰的碗。这只陶碗可能成形于木制模具。

双锥形纺锤轮

约公元前5800—前5300 年
赤陶·高: 2.5厘米, 直径: 3.8厘米·新石器时代中期
来自希腊, 色萨利, 塞斯克罗 (Sesklo)
沃洛斯考古博物馆 (Archaeological Museum of Volos),
希腊

　　并无证据表明新石器时代早期已有对牛奶、羊毛等农副产品系统集中的开发利用, 但是控制速度的纺锤轮和缠绕纱线的纱锭却开始在以羊毛和亚麻为材料的家庭纺织中使用。与新石器时代的其他手工艺一样, 织造变得越来越专业化, 纺织品很可能在族群之间进行交易。

斧头

约公元前6500—前1050年
石头·长：3.6厘米·新石器时代
至青铜时代
出处未知，据说来自希腊的塞萨
洛尼基（Thessaloniki）地区
大英博物馆，英国，伦敦

　　磨制石器是新石器时代工具的重要组成部分，其用途在某种程度上取决于所用石材的性质。一些用于伐木，以便种植新石器时代的新作物；一些则用于犁地；还有一些可用于木工和兽皮的制作等。这些用途都显示了向农业和定居村庄生活的转变。这类石器中有许多尺寸较小，可能是反复打磨的结果。还有一些可能具有象征意义。

贝珠、吊坠和护身符

约公元前6740—前5500年
贝壳和石头·尺寸：多种·新石器时代早期至中期
来自希腊，阿尔戈利德（Argolid）南部，福朗荷提洞穴
纳夫普利翁考古博物馆（Archaeological Museum of Nafplion），希腊

　　福朗荷提洞穴是希腊大陆最早的新石器时代遗址，对于理解整个新石器时代的技术至关重要。这里的贝珠产业可能是人类手工艺专业化最早的证据。数百个壳坯被挖掘出土，它们大多在制造过程中破损或被丢弃，与之一同出土的还有数百个岩屑尖角和钻孔器，用于粗加工和钻孔。制造者最初可能只想利用空闲时间，从当地的丰富资源中获利。成品贝珠数量较少，而制作工具数量极多，这表明部分产品可能已经通过复杂庞大的交换网络输出了。伴随着新石器时代技术的到来，人类从四海为家向永久定居转变。正是得益于定居，这样的生产活动才成为可能。这种转变也见证了社会行为和精神信仰的发展，制作精良的贝珠、石珠、吊坠和其他饰品也满足了这些发展带来的需求。

位于阿尔戈利德南部的福朗荷提洞穴在中石器时代晚期和新石器时代的最早阶段被占领。该地的动植物遗骸为研究从狩猎和采集到定居和农业的转变提供了重要的机会。

房屋模型

约公元前5500—前5300年
赤陶·长:9厘米,宽:7厘米·新
石器时代中期
来自希腊,色萨利,克兰农
(Krannon)
沃洛斯考古博物馆,希腊

新石器时代早期,一般的色萨利村庄供养一百至三百名居民。许多人都住在单层单间结构的房屋里,建筑材料多为泥砖或夯土,也可见泥笆墙。地板通常是压实的土,表面可能铺设有木板或用芦苇垫覆盖。屋内一般有架子、长凳,有桶可供储物,有炉灶用于烹饪和加热。新石器时代中期则出现了更为复杂的建筑结构,房间增加,可能有夹层或二层。这个模型可能代表典型房屋的理想化版本,也可能具有某种礼制或象征意义。

单色花纹杯

约公元前5500—前5300年
陶·高: 14.8厘米，边缘直径: 17.3厘米·新石器时代中期
来自希腊，色萨利，卡尔季察（Karditsa），察尼马古拉（Tzani Magoula）
沃洛斯考古博物馆，希腊

新石器时代中期，陶器产量急剧增加。陶匠明显对黏土和回火有了更深的技术性理解，还有些人可能已经成为专家。包括碗、杯和罐在内，盛盘和餐食所用的容器继续成为生产的重点，一些花纹样式在众多区域广受欢迎。木头、皮革或席篾等材料制成的器皿和容器则可满足其他需要。这个阶段出现了雕刻和涂画于器物表面的几何图案，考古学家认为这种设计可能是模仿而来。

迪米尼陶碗

约公元前4800—前4500年
陶·尺寸：未知·新石器时代晚期
来自希腊，色萨利，迪米尼（Dimini）
沃洛斯考古博物馆，希腊

　　新石器时代后期，色萨利人居住密度极高，方圆几公里内通常有多处定居点。在这种高度网络化的环境中，陶器和其他物质文化的生产、消费在沟通个人和群体身份以及族群内外的社会关系中发挥了重要作用。迪米尼器皿是新石器时代晚期色萨利东部的标志物，但在该地区之外也被交易和模仿，甚至已远到阿尔巴尼亚的察克兰（Cakran）。此碗及其表面的抽象装饰图案是典型高度标准化的传统迪米尼风格。

球形陶罐

约公元前 5300—前 4800 年
陶 · 高：25 厘米，边缘直径：12 厘米 · 新石器时代晚期
来自希腊，色萨利，迪米尼
希腊国立考古博物馆，希腊，雅典

　　有考古学家认为，新石器时代晚期的社会重点是从集体、族群认同向个人、家庭身份的转变。过去，人们在室外准备食物时为众人所见，也会与邻人共享；而彼时，露天烹饪设施已移至室内或地产边界内，对个体家庭的重视在其他地方也已有所暗示。从技术性和艺术性来看，这个陶罐应该在集体宴会活动中起到了特殊作用，这些宴会旨在强调家庭身份或密切家庭间的关系。

女俑

约公元前6500—前5800年
赤陶·高: 6.8厘米, 宽: 9.1厘米·新石器时代早期
来自希腊, 色萨利, 卡尔季察, 普罗兹罗莫斯 (Prodromos)
沃洛斯考古博物馆, 希腊

　　新石器时代早期的俑像较为简化和自然, 多是保持静态姿势的女性。这个俑像颇为特殊, 刻画了一个女人肩背篮子的动态形象。篮子上有穿孔, 说明有一部分曾可能是壶嘴。造型简单的人脸浮雕偶见于新石器时代早期希腊北部的器皿外壁, 整个人像的运用在当时确实少见。

石锋

约公元前3100—前2200年
黑曜石·长: 10.2厘米·早期基克拉迪文明 I 期至 II 期
来自基克拉泽斯群岛, 安提帕罗斯岛 (Antiparos)
大英博物馆, 英国, 伦敦

　　在整个新石器时代和青铜时代早期, 黑曜石都是希腊南部和中部制造石锋最重要的原料。黑曜石是一种火山晶体, 这种石材外露的部分在旧石器时代上半段 (公元前13000年左右) 被福朗荷提的居民开采, 并在以后成为爱琴海地区黑曜石的主要来源。青铜时代早期, 待打磨的石锋可见于整个爱琴海地区, 有些可能来自游走村庄、按需生产的石锋匠人。

屋形石盒

约公元前3100—前2200年
滑石 · 长：14.8厘米，高：7.2厘米 · 早期基克拉迪文明 I 期至 II 期
来自基克拉泽斯群岛，纳克索斯岛
希腊国立考古博物馆，希腊，雅典

　　这件表面装饰精美的石盒整体模仿了早期基克拉迪文明的建筑设计，其中不乏对家庭住所、宗教场所或粮仓等建筑设计的复刻，很可能对全部元素都有展示。对于早期基克拉迪文明典型的边缘农业族群来说，粮食的长期储存无疑是一项至关重要的战略，家庭和神明的重要性亦显而易见。然而在这件石盒上，凡此种种的象征色彩似乎并无实际意义，毕竟石盒可能只用来盛装珠宝或化妆品。并非所有已知的此类容器都有明确可考的发源地，大多可能是墓穴中的陪葬品。

长船模型

约公元前2750—前2200年
铅·长：35.9厘米，宽：3.9厘米·早期基克拉迪文明Ⅱ期
出处未知
世界博物馆（World Museum），英国，利物浦（Liverpool）

　　长船是早期基克拉迪社会的核心元素，它可能只是群岛海域所有船舶中的一类，但基克拉泽斯人在艺术上对长船的偏爱表明其在当时可能享有突出的地位。长船的实体长度为十五至二十米，且至少需要二十五名船员，所以并不适合运输大件货物，可能更多地用于劫掠或宗教等。驾驶所需的庞大人力决定了长船只能在基克拉泽斯群岛少数较大的族群内被使用。

"平底锅"陶盘

约公元前2750—前2200年
陶·高：6厘米，直径：28厘米·早期基克拉迪文明 II 期
来自基克拉泽斯群岛，锡罗斯岛，卡兰德里亚尼（Chalandriani）墓地
希腊国立考古博物馆，希腊，雅典

　　这类器物因为形似平底锅而得名，但无证据表明其曾是炊具。这类器物大多自墓葬发掘而来，考古学家对其用途的解释多种多样，有人认为是供奉牺牲的礼器，也有人认为是盘子、盐罐、镜子或鼓等实用器具。这些陶盘的底面装饰有雕刻花纹，只有被高举、悬置或镶嵌起来才可欣赏到全貌。

　　右页这件陶盘的制作工艺尤为精巧，令人印象深刻。它底面的中心图案为一艘在海上航行的长船，船尾高悬的鱼形图腾可能是用于指示航向的辅助工具。卡兰德里亚尼是当时为数不多的形成了一定规模又能有效利用长船的族群之一。长船与其下方女阴图案的组合是当地颇为常见的装饰图案，创作者也许意在通过具体的图像来建立和表现大海与人类繁衍生息之间的抽象关联。这样的组合富含宗教意味，可能指与海相关的女神，也可能表现族群繁衍、异族通婚等更为实际的俗世关怀。陶盘下部还带有岔开的手柄，形如两腿分立，与女阴的雕刻图案结合，使该盘器别具拟人化的特征。

早期基克拉迪文明 II 期的"平底锅"表面印刻的装饰图案多种多样。除了描绘长船，其表面还常雕刻鸟类、鱼类、星星或太阳，以及环环紧扣、象征大海的螺旋图案。所有图像都与当地人的海上活动紧密相关。

瓦西利基陶制茶壶和茶杯

约公元前2400—前2200年

陶·高: 17厘米（茶壶），8.5厘米（茶杯）·早期米诺斯文明ⅡB期

来自克里特岛，瓦西利基（Vasiliki）

（茶壶）大英博物馆，英国，伦敦

（茶杯）伊拉克利翁考古博物馆（Heraklion Archaeological Museum），希腊，克里特岛

早期米诺斯文明的陶器制造有明显的区域特征。岛上出现了几种区别明显的风格，这些风格在制造地以外的区域并不多见，然而瓦西利基陶器随处可见。斑驳的表面说明工匠已经开始试着操控窑内的燃烧条件，可能意在模仿同时期流行于克里特岛东部的石器。这种风格与同时期出现的新器形紧密相关，图中的"茶壶"形便是一例。

兽形石盒

约公元前3100—前2200年
大理石·高: 4厘米，长: 12.7厘米·早期基克拉迪文明 I 期至 II 期
出处未知，据说来自基克拉泽斯群岛的纳克索斯岛
古兰德里斯基克拉迪艺术博物馆（Goulandris Museum of Cycladic Art），希腊，雅典

　　兽形石器在早期青铜时代的基克拉泽斯群岛十分罕见，这件豨形石盒便是一个例外。它可能装过颜料或软膏，且有盖子用来密封。采用豨形的设计是不同寻常的，猪在岛上随处可见，但在数量上却远不如绵羊和山羊，而且后两者更能适应艰难的条件，还可提供羊奶和羊毛等农副产品。相较之下，猪只能提供肉。在当时的贫瘠环境里，养猪是一项不小的投资。

银手镯

约公元前3100—前2100年
银·直径:5.3厘米, 重:9.55克·早
期基克拉迪文明Ⅱ期至Ⅲ期
出处未知, 据说来自福莱甘兹罗
斯岛 (Pholegandros)
菲茨威廉博物馆 (Fitzwilliam
Museum), 英国, 剑桥

这个条形开环手镯由单条银片锤造而成, 表面无装饰图案, 与许多早期基克拉迪文明的银器一样出土于墓穴。金属器物从新石器时代晚期开始在爱琴海地区流通, 银器则在青铜时代早期更为多见, 这也反映了当时冶金技术的演变和基克拉泽斯人对银矿资源的集中开采。银匠主要制造小尺寸、供个人使用的物品: 别针、项链、洁具和此类不太常见的手镯。这迎合了高端装饰的新兴市场, 也可能是对爱琴海东部地区影响的反映。

带嘴的碗

约公元前 2750—前 2200 年
大理石·直径：12.7 厘米·早期基克拉迪文明 II 期
出处未知
古兰德里斯基克拉迪艺术博物馆，希腊，雅典

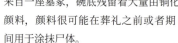

　　爱琴海地区的人对颜料的应用最早可以追溯到旧石器时代晚期，他们在萨索斯岛（Thasos）的齐纳斯（Tzines）集中开采铁的氧化物——赭石。早期基克拉迪文明时期出现的矿物颜料更为多样，其痕迹通常残留在容器和制备过程中使用的工具上。这只带嘴的碗可能来自一座墓冢，碗底残留着大量由铜化合物制成的蓝色颜料，颜料很可能在葬礼之前或者期间用于涂抹尸体。

骨筒

约公元前2750—前2200年
人骨·长: 10.2厘米，直径: 1.5厘
米·早期基克拉迪文明Ⅱ期
来自基克拉泽斯群岛的纳克索斯岛
（确切出处不详）
希腊国立考古博物馆，希腊，雅典

　　早期基克拉迪文明时期可能已经有文身、彩绘、刺刻
等装饰尸体的手段。和今天一样，这些手段被用来彰显死
者特定的社会身份，标记特定的生命阶段，或纪念特定的
事件。颜料容器偶有用作墓葬礼器，极少情况下还配套有
铜针和黑曜石制成的工具，用于将颜料填入皮下。稀有或
有毒的颜料只用于特殊的仪式和个人。这段骨筒内含蓝色
颜料，蓝色颜料因为当时群岛上冶铜技术的发展和铜矿资
源的开发而被广泛使用。

叠臂石像头部

约公元前2750—前2200年
大理石·长: 22.8厘米·早期基克拉迪文明Ⅱ期
出处未知
J. 保罗·盖蒂博物馆（J.Paul Getty Museum），美国，马里布

　　紫外线和红外线分析清楚地表明，早期基克拉迪文明时期的大理石像曾在其使用周期内被反复涂色。这些石像的肢体特征多样，配有珠宝首饰、头饰和头发，表面还刻有抽象图案，这些图案可能代表着现实中人们对尸体的装饰美化。这样的石像很可能用于公共场所，其图案甚至颜料的选择，都可以传达有关所有者的信息。某些图案可能仅适用于丧葬等特殊场合。

金饰

约公元前2750—前2200年
黄金·尺寸：多种·早期米诺斯文明Ⅱ期至Ⅲ期
来自克里特岛，莫什劳斯（Mochlos）
伊拉克利翁考古博物馆，希腊，克里特岛

　　作为米诺斯人早期定居点之一的莫什劳斯岛，是米诺斯重要的附属岛屿。尽管如今是一个岛屿，但在遥远的青铜时代早期，莫什劳斯岛既有海岬，又与克里特岛相连，两侧延伸出一对天然海港，为当地人进入海上贸易网络带来了极大的优势。岛上的遗址规模相当庞大，是早期米诺斯文明规模最大的遗址之一，遗址中有些墓葬内容之丰富更彰显了彼时部分居民富裕的生活。墓葬位于山的向海一侧，故而从定居点探看不到，只有过往船只可见。一系列"家冢"（house tomb）在这里陆续被发现，它们或许与逝者生前的住所结构相似，但建造者应该没有如此刻意设计。更宏伟的三室墓位于西部台地上，空间之大，可见墓主身份绝非等闲。这些墓葬被长期利用、反复填埋，久而久之，原初的遗骸与新添的尸骨便集聚到了一处。从墓中出土的陪葬品包括黄金首饰和金器，如左图的雏菊形金针和橄榄叶形金饰，以及银器、石器和陶器。囿于墓葬的复杂性质，考古学家很难测定其具体年代，也很难把特定的陪葬品与其所属尸骸进行匹配。

莫什劳斯岛是米诺斯人早期在克里特岛北部沿岸的几个定居点之一，在古希腊青铜时代早期凭借与基克拉泽斯群岛的海上贸易而繁荣起来，其兴盛历程是克里特岛上古代文明发展进程的代表，并最终孕育了以富丽宏伟的宫殿建筑群而闻名的米诺斯文明。

带孔矛头

约公元前 2750—前 2200 年
铜·长：19 厘米·早期基克拉迪文明 II 期
来自基克拉泽斯群岛，阿莫尔戈斯（Amorgos），
斯塔夫罗斯（Stavros）
希腊国立考古博物馆，希腊，雅典

　　在早期基克拉迪文明 II 期，金属武器激增，航海技术发展（以适用于劫掠的长船为代表）。对于基克拉泽斯群岛族群而言，全面战争无疑将是致命打击。不过，暴力手段似乎只用来对付掠取动物、动产和女人的行径。带孔矛头是一种穿刺武器，孔洞可用皮带串连配件，这使矛在船岸之间作战或海上船只短兵相接时尤为有效。

长匕首

约公元前2750—前1900年
铜合金·长：17.1厘米，宽：4厘米·早期米诺斯文明II期至中期米诺斯文明IA期
来自克里特岛，普西拉岛（Pseira）
宾夕法尼亚大学考古学与人类学博物馆（University of Pennsylvania Museum of Archaeology and Anthropology），美国，费城

　　作为新石器时代最后的定居点，佩特拉斯－科法拉（Petras Kephala）遗址留存了克里特岛铜冶炼最早的证据。岛上的克里特卡米诺（Chrysokamino）作坊在此阶段的作业性质仍不明确，但到了早期青铜时代后段，它确实参与了铜冶炼并使用了有毒的砷铜合金。普西拉岛位于克里特岛北部海岸，克里特卡米诺作坊的对面，无疑是作坊的主要市场。右图的匕首是早期金属加工设备的常见产品，因其所代表的战斗力和新技术的价值而备受所有者青睐。

女俑

约公元前6500—前5800年
赤陶·高：18厘米·新石器时代早期
来自希腊，马其顿（Macedonia），新尼科门迪亚
（Nea Nikomedeia）"神龛"
韦里亚考古博物馆（Archaeological Museum of
Veroia），希腊

　　新尼科门迪亚"神龛"的真实属性
尚待明确，它包含一系列较为特殊的材
料，其中有两把绿岩斧、几百片未加工
的燧石片和一些功能不详的黏土小圆
盘。"神龛"内还有包括右图女俑在内
的五个陶俑，与许多其他新石器时代
早期的女俑一样，这些俑像的大腿和臀
部尤为突出（见第46页），面部特征则
很抽象。若"神龛"真如其名，那么可
以想象这些陶俑在部族仪式中发挥的作
用，可能代表着女神和祖先，也可能象
征着生育。

考罗卓芙丝陶俑

约公元前4800—前4500年
赤陶·高: 16.5厘米·新石器时代晚期
来自希腊, 色萨利, 塞斯克罗
希腊国立考古博物馆, 希腊, 雅典

"考罗卓芙丝"(kourotrophos)意为"照顾孩子的人"(希腊语中, kouros意为"孩子", trophos意为"养育者"或"保姆")。这个形象一直流传到后来希腊历史上的神明中, 例如阿耳忒弥斯(Artemis, 狩猎女神)、得墨忒耳(Demeter, 谷物女神)、埃雷图娅(Eileithyia, 生育女神)和盖亚(Gaia, 大地女神)。右图俑像描绘的可能是新石器时代的女神, 不过"考罗卓芙丝"所含的母性、生育、性别、性爱、保护和死亡的主题意味着其他解读也可能成立。女神怀抱的婴儿可能头戴"珀洛斯"帽, 在后来的时期具有宗教内涵。这尊女俑是石木雕像, 其头部被单独造型, 插入肩膀之间的榫眼。在不同的场合, 可能使用多种头部代表不同的人物。

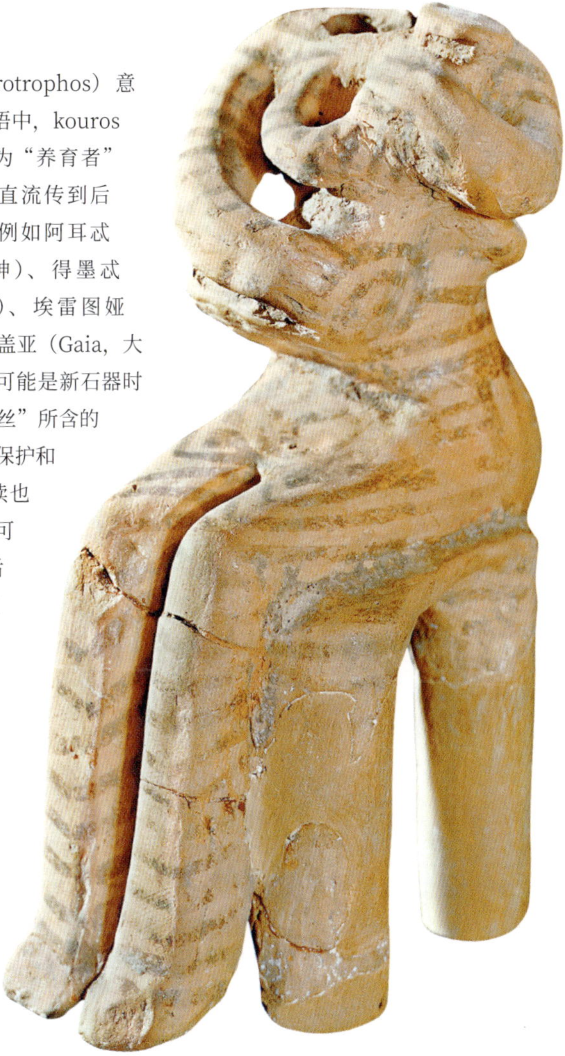

萨利亚哥斯的胖女人

约公元前5300—前4500年
大理石 · 高：5.9厘米 · 新石器时代晚期
来自基克拉泽斯群岛，安提帕罗斯岛附近，萨利亚哥斯（Saliagos）
帕罗斯考古博物馆（Archaeological Museum of Paros），希腊

    这个石像的名字虽不好听，且风蚀严重，已经遗失头部与右肩，却是基克拉泽斯群岛最古老的大理石雕像。石像来自萨利亚哥斯，萨利亚哥斯在新石器时代是帕罗斯岛的岬角，如今则已成为帕罗斯岛和安提帕罗斯岛之间的一个独立小岛。基克拉泽斯群岛的第一批定居点及其文化以此地为名。从旧石器时代晚期开始就有人来到基克拉泽斯群岛，但这些活动大多具有季节性，主要目的是采收黑曜石或猎收金枪鱼等海洋资源。相比之下，新石器时代晚期到此的农民也从事渔业，他们从海中捕获金枪鱼用来改善以谷物以及家养绵羊和山羊为主要食物的饮食结构。他们需克服一系列困难——耕地稀缺、降雨

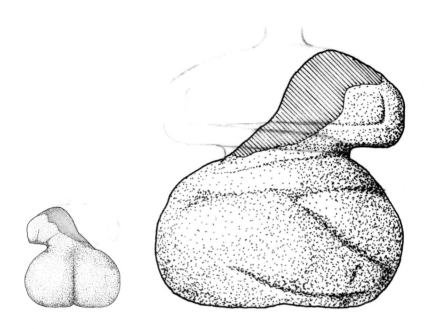

"胖女人"得名于她丰满的腿臀部,属于新石器时代小型塑像的"steatopygous"(意为"臀部肥突")一类,爱琴海其他地区也有类似的大理石像。

量少、饮用水少、夏风灼热等。像阿莫尔戈斯岛、纳克索斯岛、帕罗斯岛、希弗诺斯岛(Siphnos)和锡拉岛(Thera)等较大的岛屿往往更适合生存,而群岛别处的边缘条件无疑减缓了其他定居点形成的速度。在这样的情况下,"胖女人"的含义似乎更好理解。像克里特岛和希腊大陆其他新石器时代的小型塑像一样,"胖女人"的大腿和臀部周围堆积有厚厚的脂肪。在食物短缺成为现实困难,乃至可能致命的处境中,增肥的能力于生存而言大有裨益,也象征着生育繁殖的能力。

带底座的储物罐

约公元前3100—前2750年
大理石·高: 25.3厘米, 宽: 24.2厘米·早期基克拉迪文明
Ⅰ期
出处未知
大英博物馆, 英国, 伦敦

　　这个带底座的储物罐因其形状与希腊正教会的灯相似而得名, 是早期基克拉迪文明Ⅰ期最常见的大理石石器。陶器中也有类似的储物罐, 但大理石制的通常是随葬品, 可能被认为更适合用于丧葬, 不过具体功能尚不清楚。罐体周围均匀地排列着四瓣钻有小孔的把手, 这也说明罐口可能覆有盖子, 化学成分分析显示, 一些石罐可能装过酒。

环状人形护身符

约公元前4300—前3100年
金·高: 15.5厘米, 重: 80.6克·新石器时代末期
出处未知
希腊国立考古博物馆, 希腊, 雅典

　　这件金片护身符的柄部下方有两个代表乳头的突起, 说明它在整体上代表了一个抽象的人形。这个形状的金器多见于新石器时代的希腊和巴尔干半岛, 在保加利亚黑海沿岸的瓦尔纳 (Varna) 墓地更是多不胜数, 这也清楚地表明了这两个地区之间存在接触和联系。护身符的作用可能是保护穿戴者免受邪患, 不过其象征意义仍不清楚。下页这件护身符是目前已知最大的一个。

船形酱碟

约公元前2750—前2200年
金·高：17厘米·早期赫拉迪克文明Ⅱ期
出处未知，据说来自希腊，阿卡迪亚（Arcadia），赫拉以亚（Heraia）
卢浮宫，法国，巴黎

  这种被称作"船形酱碟"的容器最初制造于早期
赫拉迪克文明Ⅱ期，但并未沿用下来。那个时期希腊
大陆的社会发展颇为可观，这种形状的器物似乎能证
明当时群体性宴会活动的增加。"船形酱碟"在基克拉
泽斯群岛也为人所知，向西可远至安纳托利亚海岸，
很可能用于斟酒。陶制的这类容器有着不对称的外形，
可能反映了"酱碟"源于其他材料。下页展示的是已
知仅有的两个金制"酱碟"之一。

米尔托斯女神

约公元前2400—前2200年
赤陶·高: 21.5厘米,最大直径: 15.5厘米·早期米诺斯文明 II B 期
来自克里特岛,米尔托斯(Myrtos),佛诺阔里夫(Fournou Koriphi)遗址
圣尼古拉奥斯考古博物馆(Archaeological Museum of Agios Nikolaos),希腊,
克里特岛

　　这件被称为"米尔托斯女神"的器物实际是一个精致的水壶,人物怀抱的小容器恰好充当壶嘴。水壶被发现时已从一张小石桌上掉落下来,石桌位于一间房屋的主室内,而非神龛。尽管还无法确定这件器物是否代表女神的形象,但她可能有神祇或者家庭方面的象征意义,甚至可能再现了汲水这一家务活动(历史上通常认为由女性承担)。它可能被用于公开的群体性宴会(举办于佛诺阔里夫遗址的小型米诺斯文明定居点)或是家庭内部的仪式。

叠臂纪念石像

约公元前2750—前2200年
大理石·高：1.5米·早期基克拉迪文明 II 期
出处未知，据说来自基克拉泽斯群岛，阿莫尔戈斯
希腊国立考古博物馆，希腊，雅典

　　这尊纪念石像是目前已知的最大叠臂人像，
属于现存的希腊纪念雕塑中最早的一批。这种
尺寸的石像很可能是神像，与其他小石像一样，
它不需外部支撑，但在墓穴中发现时已被摔碎。
在克洛斯岛（Keros）上，类似的石像和其他大
理石石器的碎片也被有条理地埋存到一处仪式
中心，这种做法背后的意图尚不明晰，但似乎
与这尊叠臂纪念石像的情况如出一辙。

琴师和笛师石像

约公元前2750—前2200年
大理石·高: 29.5厘米（琴师），20厘米（笛师）·早期基克拉迪文明Ⅱ期
出处未知，据说来自基克拉泽斯群岛，克洛斯岛
（琴师）大都会艺术博物馆（Metropolitan Museum of Art），美国，纽约
（笛师）希腊国立考古博物馆，希腊，雅典

这些石像属于特殊一类，刻画的形象与更常见的叠臂女性颇为不同。部分石像的性别虽不明确，但大多数是男性。这两尊石像都是乐师，右图的笛师站立吹奏双笛，左页的琴师端坐着弹奏竖琴，竖琴前部有源于近东的鸟喙装饰。男性形象在已知的大理石像中占比极小，因此难以确定其用途。这些石像可能在使用结束后被当作随葬品，不过早期青铜时代群岛居民对大理石像的认识和使用相当复杂。这里展示的形象反映的是典型男性精英阶级的活动，带有宗教色彩，本质上可能是某种仪式。

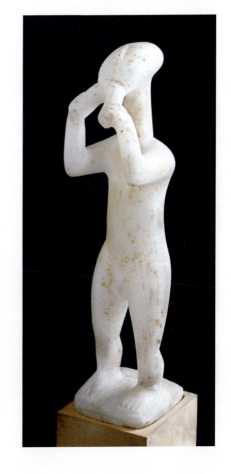

除了乐师以外，特殊种类的石像所刻画的形象还包括举杯庆祝或倾倒祭酒的人，以及其他多人的石像组，对这些石像意义的解读目前还不明确。

从旧石器时代的黎明到早期青铜时代的黄昏

兽形容器

约公元前2750—前2200年
赤陶·高: 10.8厘米·早期基克拉迪文明Ⅱ期
来自基克拉泽斯群岛, 锡罗斯岛, 卡兰德里亚尼墓地
希腊国立考古博物馆, 希腊, 雅典

　　这件浅底深色花纹的兽形容器很可能以刺猬
（也有人认为是熊）为原型，刺猬捧着碗啜饮，碗
与其胸前开口相接。这件容器很可能用于倒祭酒
等祭祀仪式。刺猬在早期基克拉迪文明中并非具
有特殊或重要意义的动物形象，这件容器更多反
映了兽形器皿的制造中以不同动物形象进行试验
的趋势。以刺猬、熊或猪为原型的同类器皿在群
岛其他区域和希腊大陆上与群岛有明确联系的区
域也有发现，不过它们极为罕见。

爱琴海的中晚期青铜时代
约公元前2050—前1190年

宏伟与繁复

迈锡尼卫城宏伟的"石狮子门"中间的三角形浮雕是在一块石灰岩板上雕刻的，刻有两只狮子，各自的前爪分别置于祭坛上，一起支撑着中央圆柱。该图案可能是家族纹章，也许是迈锡尼王室的象征。

中期赫拉迪克文明的早期阶段被认为是衰退的时期。随着人口迁移形成更大的定居点，遗址数量明显减少。贸易网络保持相对局部化，也有例外情况，沿海地带则最受益于当时极少的海上贸易。这一时期的墓葬规模普遍不大。根据生物考古学的分析，部分人口的生活条件差，儿童死亡率很高，而幸存者中营养不良、应力性骨折和疟疾的发生率也很高。在相对贫困的背景下，埃伊纳岛的科隆纳（Kolonna）脱颖而出。科隆纳几乎毫发无损地度过了早期青铜时代末段的崩坏，发展成为一个主要的陶器生产中心。两个小港口提供了通向克里特岛、基克拉泽斯群岛、意大利和安纳托利亚等地的海上贸易网络通道。坚固的防御工事、宏伟的建筑和最早的"勇士墓葬"（多见于早期迈锡尼文明）都让科隆纳成为希腊大陆迈锡尼文明中心的重要先驱。基克拉泽斯群岛恢复了与克里特岛和大陆的贸易，凯阿岛的艾亚伊里尼（Ayia Irini）和米洛斯岛的费拉科皮（Phylakopi）等地都形成了有防护的定居点。尽管随着米诺斯文明的影响力传播到爱琴海，物质文化和建筑越来越多地反映出米诺斯文明的风格，但整个群岛的地方特色很明显。

中期青铜时代早期阶段的克里特岛上，克诺索斯、马利

阿特柔斯宝藏（The Treasury of Atreus）是迈锡尼最大的圆顶墓。据估算，其总人工成本高达两万工日。它的过梁重达一百二十吨，是迈锡尼的建筑师用过最重的石块。

亚、费斯托斯和佩特拉斯等地都存在以宫殿为中心的宏大建筑群。这些地方曾是具有国家级政治和经济权威的"皇家"中心，它们之间以及它们与腹地其他地区之间的关系则更为复杂。不过总体看来，它们都是重要的消费中心，还集中负责存储、生产、管理和仪式等活动。仪式可能由中期米诺斯文明IA期散落分布在克里特岛高地的山顶庇护所传入。"宫殿"系统发达。中期米诺斯文明Ⅱ期末的火灾过后，活动中心被更大规模地重建和重组，岛上其他地方也建起较小的"宫殿"。融入了"宫殿"式建筑特色的大型"别墅"在许多城镇出现，有些可能是城市精英阶层的家宅，有些则可能是行政机构。

青铜时代晚期，社会和文化发生了前所未有的变革。克里特岛上，晚期米诺斯文明IB期的火灾可以说是米诺斯文明在爱琴海地区严重衰退的前奏。火灾原因尚不清楚，但可能与锡拉岛火山喷发（约公元前1627—前1600年）有关。有证据表明克里特岛北部海岸发生过海啸，尼鲁恰尼（Nirou Chani）神庙的浮石则表明当时人们认为火山喷发是神圣的事件。克诺索斯的"宫殿"建筑群正是从这场动荡中崛起的，或许是为了统治克里特岛大部分地区的政治和经济。物质文化的变迁似乎可以证明克诺索斯彼时已处于迈锡尼文明的控制之下。无论现实如何，从晚期米诺斯文明ⅢA2期开始直至毁灭，迈锡尼文明的存在似乎确定无疑。

随着精英阶层相互竞争，用手头的财富巩固自己的地位，迈锡尼文化在克里特文明的阴影下逐渐发展起来。这个过程最终在公元前1420年左右（晚期赫拉迪克文明ⅢA期）达到顶峰，宫殿在迈锡尼、梯林斯（Tiryns）、皮洛斯（Pylos）、阿吉奥斯瓦西里奥斯（Agios Vasileios）、雅典、底比斯（Thebes）、奥尔霍迈诺斯（Orchomenos）和伊奥柯斯（Iolkos）等地出现。这些宫殿拥有宏伟的建筑空间，外部是巨石和堆积的城墙，内部有神龛和作坊，居中的是安放有统治者"瓦纳克斯"王座的"迈加隆"正厅。这一阶段早期出现的大型圆顶墓专属于精英阶层统治者，彰显着他们指挥劳动力、调动资源的能力，皮洛斯和科帕伊斯（Kopais）的工程项目就是如此。以宫殿为代表的权威向四方扩散，迈锡尼的文化遍及整个大陆，北至奥林匹斯山，东至多德卡尼斯群岛（Dodecanese），南至基克拉泽斯群岛和克里特岛。广泛的贸易网络将迈锡尼文明与近东、阿富汗、黑海、巴尔干国家、意大利和西班牙联系起来。然而，强大富饶若此，宫殿时代仅持续了两个多世纪。公元前1300年后不久，克诺索斯宫被毁；到公元前1190年左右，大陆的宫殿体系也已崩塌。固有的缺陷使其无法应对外部经济或环境的压力。

克诺索斯宫的王座正厅几乎可以肯定是一个用来进行朝拜的空间，端坐中央的或许是女祭司，而非国王。"王座"由石膏制成，两侧的壁画描绘了一对无翼的狮鹫，对面有一个用于驱邪净身的盆状区域。

灰色米尼亚高脚杯

约公元前2050—前1750年
陶·直径: 25.2厘米·中期赫拉迪克文明 I 期至 II 期
来自希腊，阿尔戈利德，迈锡尼
大英博物馆，英国，伦敦

　　关于希腊大陆上青铜时代文明的开始，考古学家所知甚少。几乎没有定居点遗址可供发掘研究，我们所知的大部分信息来自墓葬。陶器是研究当时人们所从事活动的主要线索，其中数灰色米尼亚陶最为典型。它由海因里希·施里曼根据传说中奥尔霍迈诺斯的国王米尼亚斯（King Minyas of Orchomenos）的名字命名，是一种用于酒宴的高档餐具。制作这款高脚杯时，陶匠将陶土置于快速转轮上，在杯身上刻出龙骨状的突起纹路，也许是在模仿类似的金属容器。

内含人形塑像的半球形碗

约公元前1900—前1850年
陶·边缘直径: 20厘米·中期米
诺斯文明 IB期
来自克里特岛,帕莱卡斯特罗
(Palaikastro),Ⅶ号墓
伊拉克利翁考古博物馆,希腊,
克里特岛

这只碗的内部塑有被列队羊群围绕的牧羊人形象,羊的数量最初可能多达二百只,但只留存了一百六十余只。碗的表面装饰有红白相间的编织风格图案,可能意在模仿羊群周围的栅栏。像这样来自帕莱卡斯特罗并且内部的塑像得以保留下来的碗还有几只,它们集中反映了织造业和羊毛生产对中期米诺斯文明经济的重要性。这只碗可能是陪葬品,也可能被用于各种仪式,旨在祈求繁荣或是保护羊群安全。

带浮雕装饰的卡马雷斯陶制双耳喷口杯

约公元前1850—前1700年
陶·高: 45厘米·中期米诺斯文明Ⅱ期
来自克里特岛,费斯托斯宫殿
伊拉克利翁考古博物馆,希腊,克里特岛

　　这尊双耳喷口杯反映了中期青铜时代文明对精致陈列品的需求。它与一只装饰风格类似的罐子被一同发现,两者很可能是一整套饮具的组成部分。这种造型的杯子非常罕见,含意也不明确。杯上的花朵通常被认为是百合,但实际上并不对应特定的物种。华美的设计可能只为彰显所有者的高贵身份,容器本身可能用于盛放由鲜花制成的饮品。尽管外部的装饰让它实际上难以使用,其所蕴含的象征意义在当时却很有价值。整个造型还包括环绕于杯口的花瓣图案和杯肚上部以及杯梗上的棘刺或珊瑚图案。

卡马雷斯陶制带嘴水壶

约公元前1850—前1675年
陶·高：27厘米·中期米诺斯文明Ⅱ期至Ⅲ期
来自克里特岛，费斯托斯
伊拉克利翁考古博物馆，希腊，克里特岛

　　克里特岛伊达山（Mount Ida）南坡的卡马雷斯（Kamares）洞穴是米诺斯文明时期重要的乡村圣所，卡马雷斯陶器因此得名，这种风格于1890年被确定和命名。卡马雷斯陶器与宫殿中心在克里特岛上几乎同时出现，在青铜时代中期并驾齐驱。尽管这种多用于仪式场合的水壶在宫殿外很少见，但在克诺索斯和费斯托斯两地却发现了大批此类陶器。米诺斯文明的精英阶层一般通过参加宴会、族群酒会和其他公共活动来提高其社会地位，卡马雷斯陶器作为高端产品，在他们实现抱负的过程中发挥着重要作用。这只水壶表面以深色为底，绘有红、白、黄、橙等多色装饰图案，其鲜亮的设计旨在吸引旁人注意，拥有和使用这样一只水壶即是地位的象征。获得限量的供应，甚至控制其制造过程（尤其在克诺索斯和费斯托斯两地），同样有利于提升社会地位。这只陶制水壶属于经典的卡马雷斯风格，这种风格的陶器用色繁多，图案的组合复杂多样。

卡马雷斯洞穴海拔1524米，是克里特岛上目前已知的最高山顶圣所。它实际的范围向下延伸近100米，见证了整个青铜时代的宗教活动。

房屋模型

约公元前1700—前1675年
赤陶·高：18厘米·中期米诺斯
文明III期
来自克里特岛，阿卡尼斯
（Archanes）
伊拉克利翁考古博物馆，希腊，
克里特岛

该模型为研究米诺斯文明的建筑结构提供了重要依据。图中的建筑设计和楼层结构属于典型的农民或工匠的中小型家宅，但青铜时代的建筑高层部分留存下来的很少。该模型底层内有一间带中央立柱的主屋、大厅、前厅和门廊，并设有采光井以提供照明和通风，楼梯通向一体式的上层，阳台突出，屋顶平坦（可能是木制，已经遗失），由房墩和立柱支撑。

小镇镶嵌画

约公元前1700—前1675年
彩陶·尺寸：多种·中期米诺斯文明III期
来自克里特岛，克诺索斯宫殿
伊拉克利翁考古博物馆，希腊，克里特岛

小镇镶嵌画由五十多块模制镶嵌彩陶片组成，彩陶是一种釉面非黏土陶器，其主要成分是沙子或石英。彩陶最初在两河流域被发明，米诺斯文明中彩陶业的发展则可能是克里特岛和埃及之间交流的结果，这种材料在埃及极其普遍。有二十多块彩陶片都刻画了两到三层高的建筑外墙（如右图），这给研究米诺斯房屋的外观提供了重要信息，其他则描绘了士兵、动物、树木和海水等图案。这些彩陶片可能曾被镶嵌到木制家具上，而且应该形成了完整的叙事，而不只是简单的装饰或场景。

克里特象形文字印石

约公元前1850—前1700年
绿宝石 · 长: 1.4厘米，宽: 1.1厘米 · 中期米诺斯文明Ⅱ期
出处未知
大英博物馆，英国，伦敦

　　克里特象形文字是米诺斯文明第二古老的书写系统，大约出现于公元前1800年，包括至少九十个表音符号和三十个表意符号，另有表示数字和分数的符号。出土的文献不到四百份，印石上的文字尚未被破解。克里特岛上管理新兴宫殿经济的官员曾使用过这枚印章，不过其他刻有自然主义图案的印石可能有不同的功能，或许也是地位的象征。

费斯托斯圆盘

约公元前1700—前1675年
赤陶 · 直径: 16.5厘米 · 中期米诺斯文明Ⅲ期
来自克里特岛，费斯托斯
伊拉克利翁考古博物馆，希腊，克里特岛

　　费斯托斯圆盘神秘且独一无二。有学者认为其表面所印为宗教文本，但文本的内容和圆盘本身的意义尚不清楚。圆盘的两面共有代表四十五个不同象形符号的二百四十一个图案，从边缘到中心沿螺旋条带排列。条带内部还有对符号进行分组的刻印，使它们构成单独的符号组，代表单个字词。令人难以置信的是，与现代印刷术一样，这些符号由单个的金属模印印制而成。这些模印会被反复使用，似乎说明还有其他圆盘等待被发现。

线形文字B板

约公元前1330—前1190年
黏土·长:25厘米（PY Ta 709–712, 上页上图）, 26.5厘米（"三足"板, 上页中图）, 18厘米（PY Eq 213, 上页下图）·晚期青铜时代ⅢB期
来自希腊，皮洛斯，内斯特（Nestor）宫殿
希腊国立考古博物馆，希腊，雅典

线形文字B（希腊早期文字）的破译归功于杰出的青年语言学家和建筑师麦克尔·文屈斯（Michael Ventris）。1952年7月1日，他通过英国广播公司宣布这一发现，随后与青年剑桥学者约翰·查德威克（John Chadwick）合作，共同攻克如今已可破译的文献资料集。1956年9月6日，两人的合作成果发表几周后，文屈斯在一场交通事故中丧生，年仅三十四岁。

目前已知的五千多块石板大部分来自克诺索斯和皮洛斯，宫殿的抄匠就在那里誊写文字，不同抄匠的笔迹已经被识别。在文献库遭遇火灾时，所有泥板都因火烤而变硬，才偶然地幸存下来。它们记录了一年内的活动，文本内容包括名册和粮食分配记录，农产品、原材料和成品的库存记录，以及受宫殿雇用或管辖的上千人的名字和职业。这些板子为还原迈锡尼文明的社会、政治、宗教和经济提供了巨量的信息。

文屈斯（左图）是最终破译石板的关键人物，但他也受到埃米特·L.班纳特（Emmett L. Bennett）和爱丽丝·科贝尔（Alice Kober）等学者洞见的指导。

双耳高脚浅底酒杯

约公元前1315—前1190年

陶·高: 19.6厘米, 边缘直径: 17.1厘米·晚期青铜时代ⅢB期

来自希腊, 齐古里 (Zygouries), 科林斯附近

大都会艺术博物馆, 美国, 纽约

迈锡尼宫殿的兴起, 以及统治精英手中权力的巩固, 为希腊大陆带来了社会稳定和新一波的经济繁荣, 并逐步见证了迈锡尼文明对爱琴海大部分地区的统摄。陶器在样式上变得更为统一, 也被传播到更远的地域, 向西出口远至西班牙, 向东远至叙利亚。双耳高脚浅底酒杯大约在公元前1420年出现, 它们在转盘上制成, 批量生产且品质高级, 被称为"基里克斯杯", 很快变得非常流行。左图的基里克斯杯年代稍晚, 表面有风格化的花朵图案装饰。

"牛皮"锭

约公元前1410—前1190年

铜·长: 35厘米, 宽: 22厘米, 重: 9.9千克·晚期青铜时代ⅢA期至ⅢB期

来自希腊, 埃维亚岛, 库迈 (Kyme)

钱币博物馆 (Aumismatic Museum), 希腊, 雅典

这枚铜锭是十九枚铸锭之一, 是青铜时代晚期一艘商船上的货物, 船在埃维亚岛附近的库迈湾沉没。所谓"牛皮", 意指铜锭外表与牛皮相似。粗铜以这种形式 (也有铸成圆形的"团"锭) 在青铜时代晚期的爱琴海流通。在安纳托利亚海岸附近格里多亚角 (Cape Gelidonya) 和乌鲁布伦 (Ulu Burun) 的沉船上都发现了大批货运的锭块 (前者的货物是约一吨的铜锭, 后者则是约九吨的铜锭及一吨的锡锭)。

储物罐

约公元前1460—前1370年
陶·高: 1.1米，边缘直径: 0.7米·晚期米诺斯文明Ⅱ期
至ⅢA1期
来自克里特岛，克诺索斯宫殿
大英博物馆，英国，伦敦

　　大口陶罐在青铜时代的农业经济中至关重要。它们用来长期存储干粮、葡萄酒和橄榄油，如此便可确保冬季的食物供应，以防作物歉收，还为农民提供了存粮积物以便在公共活动中出售或再分配的机会。右图的储物罐发现于克诺索斯宫的西仓，西仓共有十八个房间，可存储四百二十个大口陶罐，总容量约为二十三万一千升。陶罐表面的纹刻模仿了绳子的形状，大而结实的把手使它便于搬移和倾倒。

拱形把手铭文陶罐

约公元前1315—前1190年
陶·高：44.5厘米·晚期青铜时代ⅢB期
来自希腊，底比斯，卡德米亚（Kadmeia）
底比斯考古博物馆（Archaeological
Museum of Thebes），希腊

　　这种陶罐因其手柄的形状而得名，
被用来盛装油和酒等贵重液体，细口高颈
可防止溢洒，减少损失。这只陶罐上绘有
线形文字B，属于罕见的一类，这类陶罐
多发现于底比斯。文字所指为一个人(a-re-
zo-me-ne) 和克里特岛西部的一个定居点，
也许是罐中内容物的制造者和陶罐的制造
地。单个陶罐可能只是一大批陶罐的标签
样品。铭文最初的用途是提供信息，方便
管理，但在后续使用过程中可能会赋予容
器额外的价值。

金箔饰品

约公元前1675—前1600年
金·长:10厘米（章鱼，上），2.5厘米（狮身人面像，中），
3.1厘米（章鱼，下）·晚期赫拉克迪克文明 I 期
来自希腊，阿尔戈利德，迈锡尼，墓圈A，Ⅲ号竖井墓
希腊国立考古博物馆，希腊，雅典

  Ⅲ号竖井墓里出土了一批精致非凡的
金箔饰品，带孔眼的箔片曾被缝在裹尸布
上，不带孔眼的则可能粘在或者直接放置
在尸体上。这些金箔饰品的图形包括神明
和动物，有些真实存在，有些则来自传说，
它们的姿势和结构各种各样。其中一些显
然来源于米诺斯的艺术，每个图形都与死
亡和神圣有着特殊的象征关系。狮身人面
像被认为是守护者，而章鱼的触手能够再
生，可能被认为含有死后重生的隐喻。这
样的联系也解释了为何很少有八只触手完
好无缺的章鱼形箔片。

蜜蜂吊坠

约公元前1700—前1600年
金·宽：4.6厘米·中期米诺斯文明III期至晚期米诺斯文明 I A期
来自克里特岛，马利亚，克丽索拉克（Chrysolakkos）
伊拉克利翁考古博物馆，希腊，克里特岛

　　这枚来自马利亚的蜜蜂吊坠因融合了凸纹、金银丝工艺和造粒等多种复杂的黄金加工技术而闻名，集中展现了古宫殿时期克里特岛金匠的高超技艺。吊坠的主体是两只相对的蜜蜂，一同抬抱着一滴蜂蜜（或是花粉球），蜜蜂的翅膀和尾刺上垂挂有坠盘，头顶的金丝笼内含一粒意义不明的金球。

鸭形饰瓶

约公元前1700—前1600年
水晶·长: 13.2厘米, 高: 5.7厘米·中期青铜时代III期至晚期青铜时代I期
来自希腊, 阿尔戈利斯州, 迈锡尼, 墓圈B, O号墓
希腊国立考古博物馆, 希腊, 雅典

　　这个精美的带嘴饰瓶（碗）由一块水晶（无色石英）雕刻而成, 整体呈现出典型埃及风格的鸭子形态, 可能是从克里特岛玉石作坊进口到迈锡尼的。鉴于水晶的硬度和加工的技术难度, 米诺斯的工匠更常将其打磨镶嵌到小件珠宝上, 极少用它制作较大的器物。这个饰瓶在当时价值不菲, 极有可能是克里特岛米诺斯统治者和新兴的迈锡尼精英之间互赠的外交礼品, 后来随一位女性入葬。

猎狮匕首

约公元前1675—前1600年
青铜、金、银和黑金·长：23.7厘米·晚期青铜时代 I 期
来自希腊，阿尔戈利德，迈锡尼，墓圈 A，IV号竖井墓
希腊国立考古博物馆，希腊，雅典

　　这把青铜匕首只作观赏用，不参与实战，可以说是迈锡尼艺术的典范。匕首一侧，重矛手与弓箭手向狮子逼近，狮子已经将他们的队友扑倒；匕首另一侧，狮子正追逐一头鹿，而狩猎者已落荒而逃。这些场景极为生动，运用了"金属绘画"的技法：首先在匕首上雕刻出图案，再将乌银（铜、铅、硫化银的混合物）熔填到图案凹槽内，待冷却后锉平、打磨表面。墓圈 A 中有关狮子的艺术品尤其常见，狮子是力量的象征，这把匕首很可能意在展示墓主的权威。

权杖头

约公元前1675—前1460年
片岩·长: 14.8厘米·晚期米诺斯文明Ⅰ期
来自克里特岛, 马利亚宫殿
伊拉克利翁考古博物馆, 希腊, 克里特岛

　　这个颇为别致的权杖头出土于仪式场所, 似乎可以确定
用于仪式, 但其用法和使用者尚不明确。权杖头的头部形状
是一只飞驰的豹, 展现出米诺斯艺术中动物的常见姿势, 尾
部则是双斧, 一头一尾皆是权力的象征。豹的眼部本来有镶
嵌装饰, 肩部也有可用于镶嵌的孔眼。各种抽象图案覆盖了
豹的整个身体, 胸部和颈部的条状图案可能代表着挽具。

斗牛士壁画

约公元前1675—前1460年
石膏·高：0.8米，宽：1米·中期米诺斯文明Ⅲ期至晚期米诺斯文明Ⅰ期
来自克里特岛，克诺索斯宫殿
伊拉克利翁考古博物馆，希腊，克里特岛

　　杂技演员在公牛后背上高高腾起——这个标志性的斗牛场景来自一组五幅壁画。画上左侧人物准备跃起，右侧人物伸出双臂，跃跃欲试。画中事件或与今日法国西南部的朗德斗牛赛（Course Landaise）颇为相像。公牛在克诺索斯艺术形象中占据着中心地位，可能是克诺索斯权力的象征。尽管中央宫殿的规模远不够大，但它或许曾经开展过如图的斗牛活动。忒修斯（Theseus）和弥诺陶洛斯（Minotaur，牛头人身怪）的神话故事可能就以青铜时代在宫殿对抗公牛、证明自己的运动员为原型。

瓦斐奥杯

约公元前1675—前1410年
金·高: 7.8厘米, 直径: 10.7厘米·晚期赫拉迪克文明 I 期至 II 期
来自希腊, 拉科尼亚, 瓦斐奥圆顶墓（Vapheio Tholos）
希腊国立考古博物馆, 希腊, 雅典

青铜时代晚期, 迈锡尼政治精英斗争激烈, 希腊大陆上出现了壮观的圆顶墓。圆顶墓原本意在彰显墓主的权势, 但因其过于显眼, 同时也招来了盗墓者。与大多数圆顶墓一样, 瓦斐奥圆顶墓也没能免于被盗掘, 好在图中的金杯因藏于主墓室下的石棺中而逃过一劫。这两只金杯或为一名米诺斯金匠所造, 表面都用凸纹工艺刻画了捕获公牛的场景。一只金杯上, 一位青年毫不慌张地用绳子将正在交配的公牛捆绑起来, 另有三头牛在旁吃草; 另一只金杯上, 一头公牛被两棵橄榄树之间的网捕捉到, 另一头牛正在攻击一群猎人。

杂技演员

约公元前1700—前1460年
象牙·长: 29.5厘米·中期米诺斯文明III期至晚期米诺斯文明 I 期
来自克里特岛, 克诺索斯宫殿
伊拉克利翁考古博物馆, 希腊, 克里特岛

　　这件精致的象牙雕像造型为一位腾空的杂技演员。
如斗牛士壁画（见第83页）一样，它曾被用来装饰克诺
索斯东侧楼上的房间，甚至可能是斗牛场的凉廊。与之
相关联的象牙碎片至少能组成两个人物，说明这只是一
组装饰物的一部分。杂技演员双臂伸展，身体紧绷，各
部分单独制造，再用榫钉和榫头连接。雕像的一条手臂
及一侧腰身和腿已经遗失，但现存可见的肌肉、静脉甚
至指甲等解剖学级别的细节着实令人惊叹。杂技演员头
部曾有镀金铜制发饰，腰部可能还有金制遮阴布。

自然图案印石

约公元前1675—前1370年
滑石（章鱼）、玛瑙（女驯兽师）、红玉（公牛）、赤铁矿（狮/牛）·长：2
厘米（章鱼），3.5厘米（女驯兽师）·晚期米诺斯文明 I / II 期至Ⅲ A1 期
来自希腊，克诺索斯
伊拉克利翁考古博物馆，希腊，克里特岛

　　青铜时代中期，克里特岛引入近东地区的卧式弓形
车床，印石匠人得以加工坚硬的半宝石，革新了米诺
斯的雕刻技艺。图中的印石表面刻有抽象的自然风格图
案，经过钻孔、穿线等加工变成手链或吊坠。这些图案
有着丰富的象征意义，印石因此可以表达所有者的阶
级、社会关系或身份。它们主要起鉴别和保护财产的行
政作用，但也有一部分被当作护身符和珠宝佩戴。

里尔琴

约公元前1315—前1190年
象牙·长：27厘米（右琴臂修复前），50厘米（修复后），原长：
60—75厘米·晚期赫拉克迪文明III B期
来自希腊，阿提卡（Attica），梅尼迪（Menidi）圆顶墓
希腊国立考古博物馆，希腊，雅典

　　史前乐器在青铜时代的艺术里多有表现，但实际留存下来的文物却屈指可数。克里特岛曾有手摇鼓和钹，迈锡尼出土过一支象牙笛。用龟壳作共鸣箱的里尔琴已在费拉科皮被发现。这把雕刻精美的里尔琴属于福尔明克斯琴，演奏者左臂夹琴，右手拨弦。曾有人错误地以象牙板（取自箱子或脚凳）作共鸣箱来修复这把琴。皮洛斯诗人壁画和阿基亚特里亚达（Aghia Triadha）石棺（见第96和124页）上的图案或可展现里尔琴的初始面貌。

祭司王

约公元前1675—前1460年
石膏·长2.1米·晚期米诺斯文明I期
来自克里特岛，克诺索斯宫殿
伊拉克利翁考古博物馆，希腊，克里特岛

　　如今我们看到的这块名为"戴百合花的王子"的彩画粉饰浮雕，是1905年在亚瑟·埃文斯（Arthur Evans）的要求下由瑞士画家埃米利·吉列龙（Emile Gilliéron Jnr）修复后的作品。修复者将"王子"视作一名意义非凡的长发男子，身着短裙与遮阴布，佩戴百合羽冠与项链，但这个修复版本颇具争议。有学者称吉列龙的修复版本其实融合了多个人物的片段，也有学者提出其他说法。画中男子的身份、姿势和所处场景尚不清楚，但他手持的绳索则完全是埃文斯捏造的，他认为"祭司王"最初牵引着一头神兽。

小型壁画

约公元前1675—前1600年
石膏·高：20—40厘米·晚期基克拉迪文明 I 期
来自锡拉岛（旧称桑托林岛，Santorini），阿克罗蒂里（Akrotiri）的西屋
希腊国立考古博物馆，希腊，雅典

    青铜时代晚期锡拉岛火山喷发导致阿克罗蒂里被火山灰深埋至地下，不过这也恰好保存了这个史前基克拉泽斯小城的模样，让后世有机会窥见当时人类的生活。"西屋"是阿克罗蒂里最为人所知的建筑之一，其留存范围一直延伸到二楼。底楼用作储物和家庭工艺，二楼则是住宅。所有房间里，五号房是整个定居点内部装饰最丰富的房间。四面墙中三面都有小型壁画。东墙上描绘着一派尼罗河风光，摇曳着棕榈树和纸莎草，还有飞鸟与狮鹫。南墙上绘有两个小镇之间的一场海上游行，或许是宗教节日的活动，男男女女都在窗口、屋顶和岸边围观。这两个城镇很可能都在锡拉岛上，其中之一应该就是阿克罗蒂里。北墙上则描绘了一场海上交战，身着"爱琴海式"短裙的水手似乎战胜了赤身裸体的敌人；手持牛皮盾牌、头戴野猪獠牙头盔的联盟士兵在岸上为庆祝胜利而游行。场景的上方，放牧者将牲口赶入围栏，身着长袍的人或许正在进行一种宗教仪式，即所谓的"山上的仪式"（the ceremony on the hill）。

五号房北墙壁画的场景颇
为复杂和零碎,解读起来
相当困难。画中溺水的人
物可能是被故意处死的,
也可能因为沉船而有此遭
遇。

脂粉盒

约公元前1410—前1315年
象牙·高：16厘米，直径：11厘米·晚期赫拉迪克文明
ⅢA期
来自希腊，雅典古市政广场（Athenian Agora）
古市政广场博物馆（Museum of the Ancient Agora），
希腊，雅典

　　这件发现于古市政广场的衬锡脂粉盒做工精美绝伦，由单块进口象牙雕刻而成，可能曾被用来盛装化妆品。盒盖上，狮鹫正撕咬着两头鹿；盒身上，四头鹿被两头狮鹫攻击，一头狮鹫已经将鹿擒杀，另一头正袭击公鹿，翼下的树已被压弯。该图案的米诺斯设计风格显示了当时克里特岛似乎受迈锡尼文明主导时，这件文物与克里特岛的联系。

猎猪壁画

约公元前1315—前1190年
石膏·高：35.5厘米·晚期赫拉迪克文明ⅢB期
来自希腊，阿尔戈利德，梯林斯
希腊国立考古博物馆，希腊，雅典

　　这面猎猪壁画被发现于梯林斯卫城西侧的建筑垃圾堆，最初可能属于某个宫殿的正厅。狩猎是专属于精英的活动，而作为猎物的野猪则给这项活动赋予了额外的思想意义与仪式价值。对女性御马者的描绘并不多见，虽然这两人看似是旁观者，线形文字B却写明她们在狩猎活动中扮演着特定的角色。她们是更大场景的一部分，在全景中，猎人手持长矛，猎狗与其一同追捕野猪。

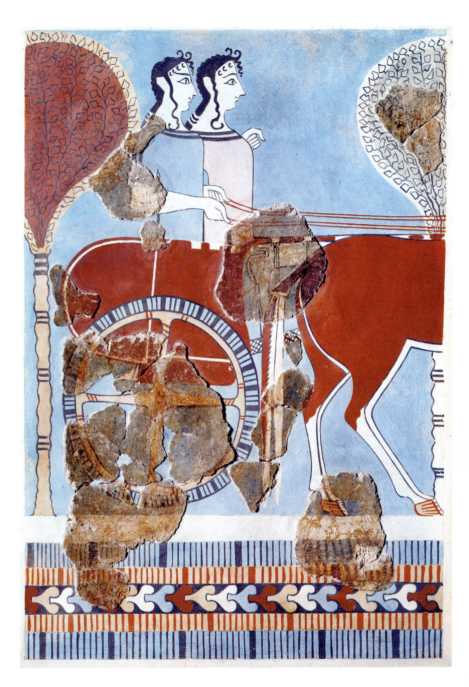

皮洛斯诗人壁画

约公元前1315—前1190年

石膏·高: 61厘米·晚期赫拉迪克文明III B期

来自希腊，麦西尼亚州（Messenia），皮洛斯宫殿的王座室

霍拉考古博物馆（Archaeological Museum of Chora Trifylia），希腊，麦西尼亚州

皮洛斯宫殿的王座室占地近一百四十五平方米，居于正中的是一方体量巨大、装饰明丽的仪式火炉，其四周为四根木制立柱，支撑起天窗。宝座紧贴东北墙，可能为木制，而且镶嵌精美。座前的地面上有一只巨大的章鱼作为装饰，室内其余地面铺满色彩鲜亮的地砖。壮观的壁画彰显着力量和权威，西南墙以鹿和纸莎草图案装饰，宝座背后的墙上狮鹫和狮子居于左、右两侧，同一面墙上还画有宴会的场景，"皮洛斯诗人"位于东角。他身着长袍，怀抱里尔琴，坐在彩石上，身边的鸟或狮鹫可能代表正飞向天际的诗行。有学者认为，这里的诗人可能是神话中诗人和音乐家的典范俄耳甫斯（Orpheus），他能够用音乐的魔法让动物起舞。

迈锡尼宫殿的王座室所在的建筑结构名为"迈加隆"，一般由门廊、前厅和正厅组成，其内部的装饰向来访的贵宾传达着社会和政治信息。

战车模型

约公元前1315—前1190年
赤陶·长: 32厘米, 高: 18.5厘米·晚期赫拉迪克文明ⅢB期
来自希腊, 色萨利, 大修道院 (Megalo Monastiri) 的一处墓冢
沃洛斯考古博物馆, 希腊, 沃洛斯

  完整的战车及其构成部分都在以线形文字B写就的史料中有记载, 然而实体的战车框架却未有幸存, 只发现了少数以双马战车为原型的陪葬品和青铜配件。战车在艺术中的表现形式对于理解其设计和功能就显得非常重要。下图为"四分轮"战车模型。此类战车轻巧快速, 贴近地面, 车前部有皮革覆盖的木制驾驶室, 具体在战斗中如何应用尚不清楚。

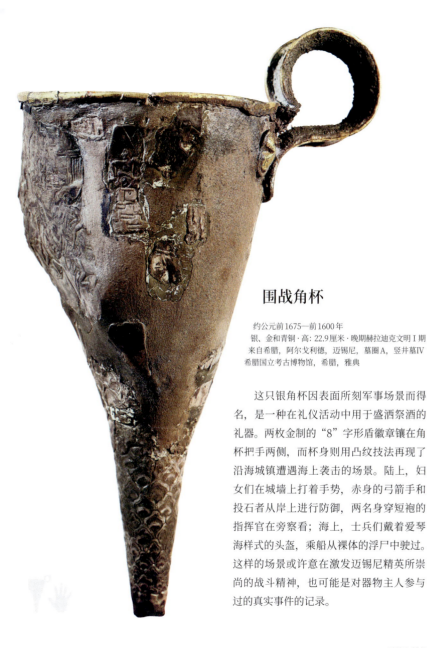

围战角杯

约公元前1675—前1600年
银、金和青铜·高: 22.9厘米·晚期赫拉迪克文明I期
来自希腊, 阿尔戈利德, 迈锡尼, 墓圈A, 竖井墓IV
希腊国立考古博物馆, 希腊, 雅典

  这只银角杯因表面所刻军事场景而得
名, 是一种在礼仪活动中用于盛洒祭酒的
礼器。两枚金制的"8"字形盾徽章镶在角
杯把手两侧, 而杯身则用凸纹技法再现了
沿海城镇遭遇海上袭击的场景。陆上, 妇
女们在城墙上打着手势, 赤身的弓箭手和
投石者从岸上进行防御, 两名身穿短袍的
指挥官在旁察看; 海上, 士兵们戴着爱琴
海样式的头盔, 乘船从裸体的浮尸中驶过。
这样的场景或许意在激发迈锡尼精英所崇
尚的战斗精神, 也可能是对器物主人参与
过的真实事件的记录。

野猪獠牙头盔

约公元前1315—前1190年
野猪獠牙·高：30厘米（复原后）·晚期赫拉迪克文明ⅢB期
来自希腊，阿尔戈利斯州，迈锡尼，515号墓室
希腊国立考古博物馆，希腊，雅典

　　在荷马史诗《伊利亚特》(*Iliad*) 中，奥德修斯（Odysseus）从墨里俄涅斯（Meriones）那里得到野猪獠牙头盔，克里特岛派遣八十艘战船去对抗特洛伊，而墨里俄涅斯是船长之一。诗中的描写细致入微，类似的口述历史或吟游诗歌让后世得以窥见青铜时代的一鳞半爪。头盔外壳是紧密串联的钻孔獠牙板，内里是毡或皮革的帽子。头盔本身并不坚固，也许更多体现了佩戴者的社会地位和狩猎技能。图中这顶头盔顶部的双钩说明其配有帽翎或纹章作为装饰。

墓碑

约公元前1675—前1600年
多孔石灰石·高：1.3米（现存部分），宽：1米·晚期赫拉迪克文明Ⅰ期
来自希腊，阿尔戈利德，迈锡尼，墓圈A，竖井墓Ⅴ
希腊国立考古博物馆，希腊，雅典

　　墓圈A的六个竖井墓中葬有十五个成年人、一个少年和一个孩童，这也表明在那里找到的十七块墓碑各有所属。这组墓碑是希腊大陆最早的大型浮雕雕塑，是新兴精英阶层纪念死者的一种新形式。右图墓碑上，战士（也许是死者本人）乘一辆箱式战车，伸手拔剑，朝着一个裸身的人进发，那人手举武器，或许代表被击败的敌人。这可能是对真实事件的记录，也可能只是为精英阶层所青睐的主题图案。

登德拉全副盔甲

约公元前 1410—前 1315 年
青铜·尺寸未知·晚期赫拉迪克文明 III A 期
来自希腊，阿尔戈利斯州，登德拉（Dendra）的一处墓冢
纳夫普利翁考古博物馆，希腊

　　这套完整的青铜甲胄是欧洲现存最早的全身护甲。它总重不足十五千克，由十五个独立部分构成，包括青铜板（1—1.5 毫米厚）体甲、肩甲和颈甲。部分甲片上可见皮革内衬的痕迹。同一座墓还发现了一件青铜胫甲和一顶由野猪獠牙制成的头盔。这套盔甲曾经被认为过于笨重，无法适应实战需求，最多只能供依靠战车作战的重型部队使用。然而由现代复制品得出的实验结果却出人意料，这套盔甲不仅灵活度高，而且防御力高，可能曾被装备有剑或矛的重型步兵所穿戴。此类甲胄在线形文字 B 中以表意符号的形式出现，在皮洛斯，"o-pa-wo-ta" 一词可能指单个青铜板。此类甲胄在迈锡尼精英阶层的士兵卫队中相当常见，不过已知的残片所属的盔甲还不到十套。还有许多战士所穿的甲胄可能更廉价、更轻，多由皮革和亚麻等有机材料制成，无法留存至今。

也有其他属于迈锡尼文明的青铜甲胄残片被发现，但登德拉盔甲是唯一完整的一副。左图的肩甲来自登德拉八号墓，与其配套的体甲可能由亚麻制成，也有可能是以单件代替全套埋入墓葬的。

环形敞口瓶

约公元前2200—前1850年
陶·高: 34.6厘米，直径: 35.5厘米·早期基克拉迪文明III期至中期
基克拉迪文明I期
出处未知，据说来自希腊，米洛斯岛
大都会艺术博物馆，美国，纽约

环形敞口瓶是一种礼器，二十五个小瓶与中心碗都用于盛装种子、谷物、水果、酒等祭品。图中这件瓶器装饰简单，瓶足较高，据称是1829年"獒犬号"皇家海军舰艇（HMS Mastiff）的理查德·科普兰（Richard Copeland）舰长在希腊和意大利的海域执勤的五年间于米洛斯岛发现的三件器物之一。这组器物还包括一个水瓶和一件陶罐，它们可能出于同一座墓冢，也许来该岛北海岸的主要定居点费拉科皮。

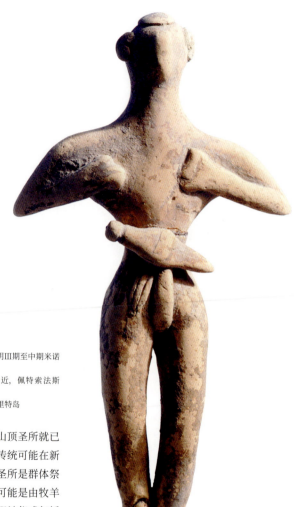

献祭俑像

约公元前2200—前1850年
赤陶·高：15厘米·早期米诺斯文明III期至中期米诺斯文明I期
来自克里特岛，帕莱卡斯特罗附近，佩特索法斯（Petsophas）山顶圣所
伊拉克利翁考古博物馆，希腊，克里特岛

  青铜时代中期开始，山顶圣所就已遍布克里特岛，不过这种传统可能在新石器时代早就有了。这些圣所是群体祭拜多个神灵的地点，最初可能是由牧羊人建于高峰山地之上的。祭神仪式包括在室外设宴、将祭物存入岩洞等。右图这个俑像是一位身佩武器的青年，他举着双臂，呈现出典型的仰慕者姿势，或许是献给宙斯（Zeus）的祭物。

Ψ、T、Φ女俑

约公元前1410—前1190年
赤陶·高：11.5厘米（Ψ俑），
10厘米（T俑），8厘米（Φ俑）·晚
期赫拉克迪克文明ⅢA期至B期
出处未知，据说T俑和Ψ俑来自
雅典，Φ俑来自米洛斯岛
大英博物馆，英国，伦敦

这三个手工制作的女俑因其各自姿势分别与希腊字母Ψ、T、Φ的外形相似而得名。它们是高度风格化的，以最为基础的形式表现身体造型，以竖线条纹表现衣饰。它们最初是大批量制造的，从定居点和墓穴等环境里出土的此类俑像数以千计。它们可能曾被当作廉价的宗教偶像或者是儿童玩具，其功能或许随时间的推移和地域风俗的转换而变化。

装饰婴孩尸身的金箔

约公元前1675—前1600年
金·总长：约60厘米·晚期青铜赫拉迪克文明 I 期
来自希腊，阿尔戈利德，迈锡尼，墓圈A，坟墓III
国家考古博物馆，希腊，雅典

　　婴孩的尸身早已腐败消失，用作装饰的金箔却留存下来，展示了手指、脚趾、刺穿的耳朵等令人黯然神伤的细节。这种独特的尸身处理方式需要耗费不少人力和财力，说明夭折的婴孩身世显赫，很可能是贵族。尸身被安放在一个中年妇女的胸口处，她也许是孩子的母亲。这位母亲戴着一个较大而易腐烂的王冠，社会地位（也可能是宗教地位）极高。

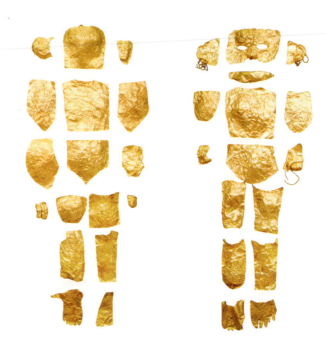

微型双斧

约公元前1700—前1460年
金·尺寸：未知·中期米诺斯文明III期至晚期米诺斯文明Ⅰ期
来自希腊，克里特岛，阿卡罗乔里（Arkalochori）洞穴
伊拉克利翁考古博物馆，希腊，克里特岛

　　阿卡罗乔里洞穴位于加拉塔斯（Galatas）
的米诺斯宫殿以南约三公里处，是克里特岛所
有米诺斯洞穴圣所中献祭物品集聚最多的一处。
据报道，当地人从山洞中回收了一批重达22.5
千克的青铜器，并在1912年首次系统考古发掘
之前将这些青铜器当作废品出售。自那以后，
一系列令人难以置信的祭器出土，其中就包括
三十多件金制双斧。双斧是一种与基督教十字
架类似的宗教符号。

阿伽门农黄金面具

约公元前 1675—前 1600 年
金·高：25 厘米，宽：27 厘米，重：169 克·晚期赫拉迪克文明 I 期
来自希腊，阿尔戈利德，迈锡尼，墓圈 A，竖井墓 V
希腊国立考古博物馆，希腊，雅典

阿伽门农黄金面具是爱琴海青铜时代的标志物。海因里希·施里曼认为阿伽门农是荷马《伊利亚特》里的迈锡尼统治者，遂以之命名。这个面具是从墓圈 A 出土的五个面具中最精致的一个。面具两耳下方有孔可穿绳，系于尸体面部。至少有五个成年人、一个少年和一个孩童被埋在竖井墓 V 中。面具的主人，一个大约二十五岁的健壮男子，也许是最后一个被埋入墓中的。二十五年的寿命说明这名男子可能死于疾病或暴力，尸体上能辨认出的只有右腿的应力性骨折和脊柱的压缩性骨折，但这两处伤势都不足以致命。他的陪葬品还包括镀金青铜武器、带有螺旋凸纹的黄金胸甲、一条有鹰雕图案的项链和一枚玫瑰形的黄金臂章。科学分析表明，该男子可能不是迈锡尼当地居民，至少在他的饮食中有大量的外地食材。

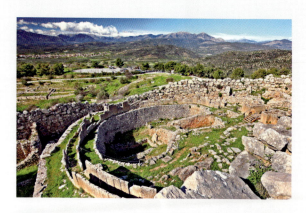

墓圈 A 中的祭品远比墓圈 B 中的昂贵且精致。公元前 1250 年左右，墓圈 A 被翻修并移入城墙内。这或许是出于对死者的尊重，也可能是当时迈锡尼统治者为巩固权力而为。

角杯

约公元前1675—前1460年
水晶·高: 16厘米·晚期米诺斯文明 I 期
来自希腊, 克里特岛, 扎克罗斯 (Zakros) 宫
殿宝库
伊拉克利翁考古博物馆, 希腊, 克里特岛

　　这只仪式用角杯由一整块水晶雕
刻而成, 证明了米诺斯宝石匠人
技艺精湛。他们可能先用细小的
青铜凿子做出毛坯, 然后用金刚
砂细细打磨角杯的内外, 即使是最
轻微的失手也可能导致角杯破裂。
颈环由一组 C 形水晶块组成, 并
由镀金彩带固定; 手柄由十四颗
钻孔的水晶珠经青铜丝串连而
成。这只角杯可能是特别定制
的, 制造过程中需要付出的巨大
努力增加了它的价值, 也提升了
拥有者的地位。

看台壁画

约公元前1675—前1460年
石膏·高: 26厘米（不含边框）·晚期米诺斯文明 I 期
来自希腊，克里特岛，克诺索斯宫殿
伊拉克利翁考古博物馆，希腊，克里特岛

　　看台壁画的中央是一个由三部分构成的神社，俯瞰着中央大厅。一群女祭司坐在神社两侧，突出的身形和精致的衣服表明了她们的重要性。数排身形较小的女性立于左右两侧，而另一些则从一层的廊厅观看。少数穿白色衣服的女性站在大厅中间，几乎要被男人们淹没。考虑到壁画对女性的关注，画中场景可能是位于克诺索斯的中央宫殿神社的当地女性成人仪式。

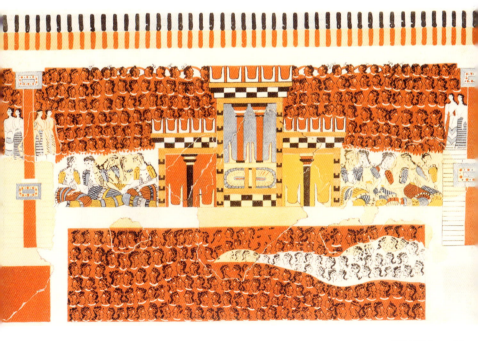

拳击手角杯

约公元前1675—前1460年
蛇纹石·高：44.8厘米（修复后）·晚
期米诺斯文明Ⅰ期
来自希腊，克里特岛，费斯托斯附近，阿
基亚特里亚达皇家别墅
伊拉克利翁考古博物馆，希腊，克里特岛

　　拳击手角杯的杯身上有四环浮雕
装饰。一、三两环描绘了轮流进行的双
人对抗拳击，拳击手戴着头盔和手套，穿着
靴子。柱廊说明了背景环境的富丽堂皇，甚
至可能是在中央大厅。第四环可能描绘了一
种角力和拳击相结合的运动，与后来历史上
的古希腊式搏击类似。第二环描绘了斗牛的
场景：仅存的一位斗牛者被刺穿了腰部，想
必已经死去，而其他人可能成功地跳开了。
这种仪式化的格斗可能曾为接近参军年龄
的年轻人而设置的军事训练，参与这项运动
也可能是人生某个阶段的仪式。

采收者瓶

约公元前1675—前1460年
滑石·高: 10.1厘米（现存）·晚
期米诺斯文明Ⅰ期
来自希腊, 克里特岛, 费斯托斯附近,
阿基亚特里亚达皇家别墅
伊拉克利翁考古博物馆, 希腊, 克里
特岛

  采收者瓶现存的部分最初覆
盖着金箔, 描绘了一队农业劳动者
露天行进的场景。他们身着缠腰布, 头
戴帽子, 肩背锄头, 腰间系着袋装的种
子, 由一位手持曲柄杖、身着仪式服饰的
老人领路。歌手们在队伍后跟随, 其中一
位演奏着摇铃, 另有一位舞者表演着喜剧
舞蹈, 穿梭于人群中间。此项活动可能是
一年一度的播种节, 与英国传统的"犁地
日"（Plough Monday）类似。

渔夫壁画

约公元前1675—前1600年
石膏·高：1.5米·晚期基克拉迪文明 I 期
来自锡拉岛，阿克罗蒂里的西屋
希腊国立考古博物馆，希腊，雅典

　　这位手提两串鳙鳅鱼的青年并非普通的渔夫。他的头发已被剃光，只留前后两束头发；他全身赤裸，只有脖子上缠着一条红线。这些特征都说明他正在拜神，手中的鱼可能是为神准备的供品。在壁画的原始位置，渔夫的目光对准了摆在房间西北角窗台上装饰有海洋图案的供桌。大海决定着这个部落能否生存，壁画中的渔夫和相邻墙面上类似的形象很可能是为现实中前来求神之人所做的指示。

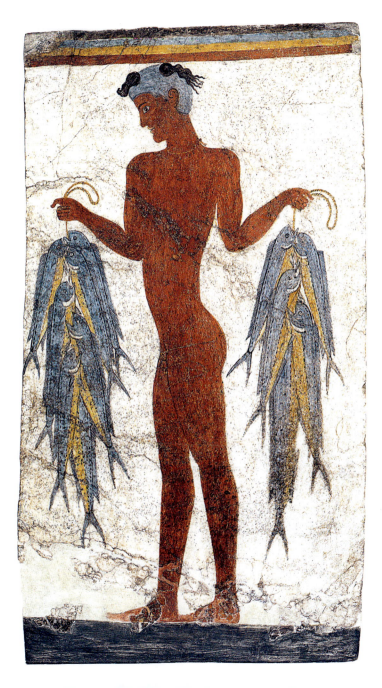

印戒

约公元前1675—前1410年，约公元前1460—前1410年
金·宽：5.7厘米（中），2.1厘米（右上）·晚期赫拉迪克文明Ⅰ期至Ⅱ期，晚期米诺斯文明Ⅱ期
来自希腊，阿尔戈利德，梯林斯（中）；希腊，克里特岛，克诺索斯，伊索帕塔（Isopata）墓（右上）
（中）希腊国立考古博物馆，希腊，雅典
（右上）伊拉克利翁考古博物馆，希腊，克里特岛

梯林斯印戒（中）宽约六厘米，是目前
已发现印戒中最大的一枚。它与一堆由金、
象牙和宝石制成的器物堆埋在一起，最初被
埋入时已经是一个有着百年历史的传家宝。
这些器物被放入一口青铜大锅中，其上覆盖
着来自塞浦路斯的青铜三脚架，被武器和青
铜废料包围着。这堆金属器物如今被称作
"梯林斯宝藏"（Tiryns Treasure）。"梯林
斯宝藏"曾被认为是强盗的赃物，但很可
能属于青铜时代末期梯林斯当地的精英
统治者，作为供品埋入地下。考虑到大
陆宫殿社会的崩坏导致的社会动荡，这
也可能是偷藏起来的财产。印戒的表
面，一队狮首神兽手捧祭酒，向女神的
宝座走去，踩着脚凳的女神高举角杯。
伊索帕塔印戒（右上）的表面，四个衣
着精致的女人在百合花盛开的自然环境中
忘我地起舞，画面后方远处还可以看到很不
起眼的第五个女人。这个场景通常被认为是
神的显灵，那第五个女人正是从天而降的女
神，不过也有人认为它描绘了年轻女子的入
教仪式。这类印戒无疑是精英专有的物品，
但其特殊的意象和图案也能反映所有者的宗
教阶层。

持蛇女神与女仆

约公元前1460—前1410年
彩陶·高: 29.5厘米 (女神, 修复后), 34.2厘米 (女仆,
修复后)·晚期米诺斯文明II期
来自希腊, 克里特岛, 克诺索斯圣殿仓库
伊拉克利翁考古博物馆, 希腊, 克里特岛

　　持蛇女神 (左图) 与女仆 (可能也是
神, 右图) 彩釉陶像与其他一系列在克诺
索斯发现的物件, 都是宫廷精英进行官方
宗教活动时所用的器具。女神身着宗教服
饰, 头戴一顶精致的帽子, 帽子上栖着一
只猫科动物。女神像已经过重塑, 双手高
举着两条蛇。女仆陶像的手臂、躯干和冠
冕上也缠绕着蛇。持蛇女神可能是线形文
字B中提到的"女驯兽师"(Potnia, 波
妮亚) 的化身, 通常被认为与自然和繁殖
有关, 不过蛇也可能是对地府的暗示。

三人象牙雕像

约公元前1600—前1410年
象牙·高: 7.8厘米·晚期赫拉迪克文明Ⅱ期
来自希腊, 阿尔戈利斯州, 迈锡尼卫城
希腊国立考古博物馆, 希腊, 雅典

　　这件精致的象牙雕像可能由米诺斯工匠完成: 一个穿着袍子的女孩伏在两个成年女子的膝下, 两人弓着身子, 左侧女子的眉毛和睫毛都为镶嵌, 右侧女子的头部已经遗失。女子部分剃光的头部、米诺斯风格的荷叶状裙摆和裸露的双乳都有明显的宗教意义。这件雕像里的三个人通常被认为是神, 不过雕像表意的重点可能是女人作为养育者的角色, 或是童年、青春期、成年这三个重要生命阶段。

牛头角杯

约公元前1700—前1460年
滑石、玉石和贝壳·长: 20厘米 (嘴套到头顶)·中
期米诺斯文明III期至晚期米诺斯文明Ⅰ期
来自希腊, 克里特岛, 克诺索斯的小宫殿
伊拉克利翁考古博物馆, 希腊, 克里特岛

　　这件牛头角杯是爱琴海地区为数不
多的公牛角杯中最出色的一件。克诺索斯
拥有包括这件在内的多款公牛角杯, 足见公
牛在宫殿政治宣传中的突出地位。公牛的脸部
和双耳是滑石材质的, 水晶制成的眼睛周围镶
嵌着玉石, 嘴套部分镶嵌着来自红海的砗磲。
牛角已用镀金的木材修复。公牛脖子后部的一
小块涂鸦表明, 牛角最初可能被锯下, 也许是
参照了献祭公牛时的做法。完好无缺的公牛角
杯迄今都未有发现, 有可能都在仪式中被故意
销毁, 用以代替真实的动物。

阿基亚特里亚达石棺

约公元前1370—前1315年
石灰石·长：2.3米，高：0.9米·晚期米诺斯文明III A2期
来自希腊，克里特岛，费斯托斯附近，阿基亚特里亚达4号墓室
伊拉克利翁考古博物馆，希腊，克里特岛

　　这个石棺表面刻画了独特的墓葬仪式，兼有米诺斯和迈锡尼两种文明的元素，或许传达了克里特岛受迈锡尼统治时的政治信息。石棺的A面描绘了两个场景：白天的场景中，女人们将祭酒倒于一对双斧之下，男人在旁演奏里尔琴；夜晚的场景中，男人们朝着一个人走去，那人或许代表死者。石棺的B面描绘了两个女人献祭一头公牛，男人在旁吹笛的场景。石棺的首末两端，女性神灵驾着由狮鹫拉动的迈锡尼战车和由野羊牵引的其他战车。

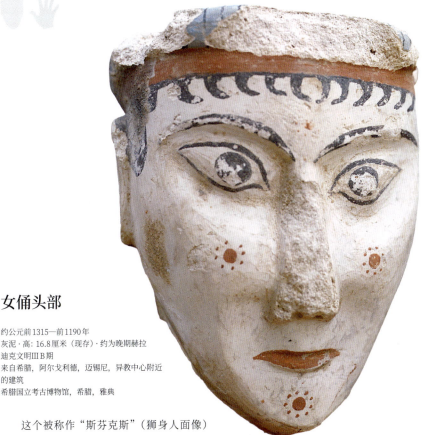

女俑头部

约公元前1315—前1190年
灰泥·高: 16.8厘米 (现存)·约为晚期赫拉
迪克文明ⅢB期
来自希腊, 阿尔戈利德, 迈锡尼, 异教中心附近
的建筑
希腊国立考古博物馆, 希腊, 雅典

这个被称作"斯芬克斯"(狮身人面像)
的灰泥头像是迈锡尼塑像艺术中罕见的一例, 它可
能是曾经在迈锡尼卫城的神社或圣所中被参拜的异教女神
像的遗留。低檐的帽子是迈锡尼艺术刻画精英女性、女性
神灵和狮身人面像的标志。四个圆花形装饰可能是文身,
点缀在下巴、脸颊和额头处。女俑的身体完全遗失, 头部
可能属于伏着的狮身人面像, 也可能是女神像的一部分,
一如梯林斯印戒上端坐的女神 (见第118页)。

后宫殿青铜时代和早期铁器时代
约公元前1190—前700年

崩溃与复兴

早期铁器时代，随着贸易和交流网络的扩展，希腊艺术开始采用东方主题。供奉于希腊圣所的三脚碗上增加了青铜铸成的狮鹫头模，这是其中最引人注目的一个例子。

迈锡尼宫殿体系的崩溃并没有过去想象的那么严重和彻底。大陆有几处居住地存在重建过的迹象，而在后宫殿时期政权和社会经济动荡的背景下，其他规模较小的居住地也逐渐崭露头角。后宫殿时期的迈锡尼文明不断区域化，在早期铁器时代的第一阶段开始前，至少持续了一个世纪。

埃维亚西海岸的勒夫坎第（Lefkandi）遗址是最重要的遗址之一，但即使在这里，周期性的破坏和波动的财富意味着休养生息并不容易。大陆和群岛上的战士墓葬反映了这一时期战争和权力的相互关联，而在克里特岛，内陆和高地"避难所"也随着防备袭击和海盗的安全需要而增多。到公元前11世纪后期，已经能看到埃维亚与希腊大陆、基克拉泽斯群岛、克里特岛、塞浦路斯，以及爱琴海东部和锡罗斯－巴勒斯坦海岸之间的联系。在此期间，从东方采购铜和锡越来越困难，铁器的使用变得越来越普遍。为了满足对异域产品的新需求，当地工匠开始少量生产模仿外国风格的器物。进口的器物开始用于墓葬，墓地再次成为比拼社会地位的擂台，公元前10世纪初位于勒夫坎第的英雄祠（Heroön）可以说是此期间这种做法的极致体现。

早在公元前11世纪后期，"骨灰圣坛"就出现在奥林匹亚的圣林（Altis）中。从青铜时代到铁器时代，包括福基斯（Phocis）的卡拉普迪岛（Kalapodi）、克里特岛上的凯托西密村（Kato Symi），以及阿卡狄亚的吕凯昂山（Mount Lykaion）在内的一些遗址都有宗教崇拜的迹象。然而，在公元前10世纪和前9世纪，希腊圣所的数量增多，敬神的规模变大、形式变多。进行宗教活动的地方作为展示财富和权力的主要场所变得越来越重要。从政治上来看，它们尤为关键。参与宗教活动有助于强化刚起步的城邦的集体特性，而圣所地点的设置可以帮助界定其领土。身份认同（和对立）在奥林匹亚赛会的创立后——如果不是在传统观点认为的公元前776年，则可能是在世纪末——找到了一种新的表达方式，整个希腊的人都到奥林匹亚庆祝宙斯的节日。至少从公元前10世纪中叶开始，在希腊大陆和克里特岛就可以看到寺庙，尽管它们通常很小，主要用木头和泥砖建造。到公元前8世纪末，萨摩斯（Samos）和埃雷特里亚（Eretria）出现了首批大型寺庙。

尽管人群在整个早期铁器时代都在爱琴海地区迁徙，但从传统上来说，公元前8世纪标志着殖民运动的开始，这场运动扩大了希腊在整个地中海的影响力，并反哺了希腊的艺术和物质文明。爱琴海地区之外的第一个主要定居点由埃维亚定居者于公元前750年在那不勒斯（Naples）湾伊斯基亚（Ischia）岛的匹德库塞（Pithekoussai）建立。一些埃维亚殖民者似乎确实在这里定居过，尽管很难说这里是殖民地（apoikia）、贸易站（emporion），或许只是有过相对自发的社会文化活动而已。早期族群基础的细节有所留存，但对其的解读都被古典政治学的视角所影响；殖民地和母城的政治结盟可以带来潜在回

这件来自阿尔戈斯赫拉神庙（Argive Heraion）的赤陶模型可以追溯到公元前700年。它可能是早期铁器时代非纪念性寺庙的模型，但无法确定是否为宗教建筑。

凯拉米克斯（Kerameikos）因其曾是早期铁器时代的陶工区而得名。在此期间，它开始被用作墓葬，随后发展成为雅典最重要的墓地之一。

报，但两者之间并不一定存在真实的始祖联系。然而不可否认的是，贸易往来和人口迁徙确实发生了。正是由于希腊人和腓尼基人群体在地中海东部地区的互动，以及希腊人对腓尼基字母的改编应用，文字的读写才得以在公元前800年左右重回希腊。也正是因此，荷马的《伊利亚特》和《奥德赛》（*Odyssey*），赫西俄德（Hesiod）的《神谱》（*Theogony*）和《工作与时日》（*Works and Days*，约公元前700年），以及其他已经失传或部分留存的作品得以定本。

拱形把手陶罐

约公元前1190—前1050年
赤陶·高: 11.4厘米·晚期米诺
斯文明ⅢC期
来自克里特岛, 锡蒂亚 (Siteia),
图尔洛蒂 (Tourloti)
宾夕法尼亚大学考古学与人类学
博物馆, 美国, 费城

　　宫殿体系瓦解之后, 迈锡尼的彩绘陶器生产经历了最后的繁荣。通用的宫廷式统一风格逐渐被一系列精致的地区风格所代替。图中陶罐具有所谓的"流苏风格"(Fringed Style), 是克里特岛上开发的众多风格之一, 主要特点是围绕中心图案(这里是一款典型的章鱼图案)多使用短笔触。这样的器物反映了当地对高端器皿的新需求。

半人马陶像

约公元前1000—前900年
赤陶·高：35.5厘米·原始几何陶时代
来自埃维亚岛，勒夫坎第，图姆巴公墓（Toumba Cemetery）
埃雷特里亚考古博物馆（Archaeological Museum of Eretria），希腊，埃维亚岛

这座陶像是希腊艺术中最早的半人马塑像。重要的是，陶像左膝下方有一个切口，考古学家借此认定他为喀戎（Chairon），英雄阿喀琉斯（Achilles）之师。他意外死于赫拉克勒斯（Herakles）之手，死因是腿部中了箭头沾有勒纳湖九头蛇毒血的箭。如果考古学家判断无误，这座陶像是喀戎相关传说的最早证据，也就成为神话故事最早的艺术表现。

谷仓箱

约公元前850年
赤陶·高：25.3厘米，长：44.5厘米·早期几何陶时代Ⅱ期至中期几何陶时代Ⅰ期
来自希腊，雅典，阿勒奥普格斯（Areopagus），雅典贵妇墓
古市政广场博物馆，希腊，雅典

　　近期分析表明，与这个箱子同埋的"雅典贵妇"在去世时已处于孕晚期，她可能死于并发症或者难产。基于这个事实，她就被归入非正常死亡的行列，葬礼也随之而变。这个箱子上方是五个谷仓的模型，象征着当时雅典贵族的农业富余，不过也有其他解读认为它们是蜂巢，有着与地府相关的象征意义。

吊坠耳环

约公元前850年
金·长：6.5厘米·早期几何陶时代Ⅱ期至中期几何陶时代
Ⅰ期
来自希腊，雅典，阿勒奥普格斯，雅典贵妇墓
古市政广场博物馆，希腊，雅典

　　除了造型精美的箱子（见前页）外，"雅典贵妇"的墓中还有包括陶器、珠宝和私人物品在内的八十件陪葬品，其中有一条精致的项链，串有约一千一百颗由彩陶、水晶和玻璃制成的珠子。金银丝和金属造粒工艺说明负责制造耳环的工匠熟悉近东的技术，耳环不太可能为进口的。每个吊坠底部都有三颗石榴，石榴在古风时期和古典时期与死亡和来世有着象征性的联系。

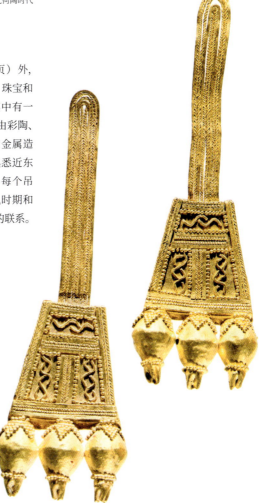

驷马陶盒

约公元前750—前735年
赤陶·高：24厘米，直径：35厘米·晚期几何陶时代IB期
来自希腊，雅典，凯拉米克斯
希腊国立考古博物馆，希腊，雅典

与过去一样，中晚期几何陶时代的陶盒被用于存放珠宝或化妆品。除了表面有复杂的装饰，陶盒盖子上还会有多达四匹的马匹模型，用作盖子的把手。驷马战车在《伊利亚特》中出现过，对这种艺术形象的描绘通常与古风时期雅典社会中拥有马匹的贵族等级有关，他们被称为"希皮斯"（意为骑士）。但是这样的陶盒最常出现在女性的坟墓中，男性坟墓中的陶盒往往会将马匹折断取下，这也表明陪葬品的使用受到社会与宗教因素的影响。

迪普隆酒壶

约公元前750—前725年
陶·高: 22厘米·晚期几何陶时代 I B期至 II 期
来自希腊, 雅典, 凯拉米克斯, 迪普隆(Dipylon)墓
希腊国立考古博物馆, 希腊, 雅典

　　这只酒壶表面刻有伊奥尼亚方言的希腊
语诗歌铭文, 注明酒壶是舞蹈比赛的奖品:
"舞姿最精致的舞者将获得作为奖品的我
(酒壶自指)"。酒壶出现的场合也许是酒会,
铭文或由主人或客人匆忙刻成。器物的铭文
为希腊人使用腓尼基字母进而孕育希腊字
母提供了直接证据。这种创新可以说是早
期铁器时代最重要的文明演进, 最初可能源
于地中海东部, 希腊和腓尼基的商人就在那
里开始接触。

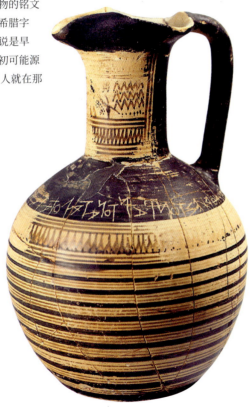

内斯特杯

约公元前730年
陶·高：10.3厘米·晚期几何陶时代Ⅱ期
来自意大利，伊斯基亚，匹德库塞，168号火葬墓
阿布斯托别墅博物馆（Villa Arbusto Museum），意大利，拉科阿梅诺（Lacco Ameno）

这件酒杯造于罗德岛（Rhodes），出土于希腊匹德库塞殖民地一个小男孩的坟墓中，杯身上保留了一首由埃维亚方言写成的六音步饮酒歌："我是内斯特杯，用来喝酒最好，谁若能一饮而尽，将被戴着美丽冠冕的阿佛洛狄忒（Aphrodite）女神吸引。"与充满神话色彩的皮洛斯国王金杯相比，这件酒杯以轻松愉快的笔调提供了对荷马史诗《伊利亚特》或相关故事最早的独立引述。

《伊利亚特》是西方文明史上最有影响力的文学作品之一，这部战争史诗详述了希腊

对于古希腊人来说，荷马是他们第一位也是最伟大的一位诗人，他被柏拉图尊为"至高至圣"。然而除了他的诗歌之外，关于荷马其人及生平，人们几乎一无所知。

与特洛伊之间十年冲突的最后阶段。它融合了诸多口述的传统故事，其中一部分源于史前，这部分被记住并配乐表演。当时流传的版本众多，但字母表的发展使得（可能在小亚细亚半岛西海岸写作的）荷马能够提供史诗的定版。从此，《伊利亚特》也成为荷马的代名词。和内斯特杯的使用者一样的贵族男性是荷马作品的狂热消费者。史诗的主题以及希腊的"英雄"过往持续反哺着理想希腊文化的方方面面。

战士陶瓶

约公元前1190—前1050年
陶·高: 43厘米, 直径: 48—50.5厘米·晚期赫拉迪克文明ⅢC期
来自希腊, 阿尔戈利德, 迈锡尼, 战士克拉特（Krater）之家
希腊国立考古博物馆, 希腊, 雅典

　　这件双耳喷口陶罐表面绘有两队矛兵和一位似乎在举手致哀的女性（残存）。此器物或为祭品, 也可能是坟墓的标记, 表面图案的主题或与丧葬有关。然而在这段历史时期, 器物上打斗和战争场景的增加或许也反映着后宫殿时代的乱象: 新兴的地方统治者之间的冲突不断, 突袭和抢劫颇为普遍。

战士铜像

约公元前700年
青铜·高: 27.6厘米·晚期几何陶时代Ⅱ期
来自希腊，色萨利区，卡尔季察
希腊国立考古博物馆，希腊，雅典

像阿尔戈斯胸甲一样（见第141页），图中
这位战士来自重装步兵战发展之前的时期。他的
武器只有一支长矛（现已遗失），除了腰带之外，
没有其他盔甲，腰带可能类似于《伊利亚特》中
描述的梅内拉斯（Menelaos）的腰间束带。他
头戴能够插羽冠的高盔，手持椭圆形、带有深半
球形切口的迪普隆盾牌。这种类型的刻画在几何
陶时期的陶器上较为多见，但不一定完全是艺术
创造的形象。也有说法称该战士为阿喀琉斯。

阿尔戈斯全副盔甲

约公元前720年
青铜和铁·高:50厘米和46厘米·晚期几何陶时代II期
来自希腊，阿尔戈斯（Argos），45号墓
阿尔戈斯考古博物馆（Archaeological Museum of Argos），希腊

　　几何陶时代末期，青铜甲在消失四百多年后被重新引入大陆。图中的钟状胸甲由单块的胸板和背板组成，底部向外张开，以抵御向下的打击，这样可能有助于骑马。它是目前知道的最早的该类盔甲实例，可能属于地方领导者。带冠的锥形头盔尽管重量不均，缺乏面部保护，但在整体造型上却颇为惊艳。

瓶肚有把手的双耳瓶

约公元前760—前750年
陶·高：1.6米·晚期几何陶时代ⅠA期
来自希腊，雅典，喀拉米科斯，迪普隆墓
希腊国立考古博物馆，希腊，雅典

　　用作纪念的迪普隆双耳细颈瓶多造
于早期铁器时代的雅典，通常被置于精
英阶层女性坟墓上作为标志物或纪念物，
瓶底有孔以便向死者提供祭酒。图中的
双耳瓶出自"迪普隆大师"之手，他可
能是雅典第一位杰出的瓶画匠人，因
在陶器艺术方面的诸多创举
而享有盛誉。这只双耳瓶的
瓶身装饰有几何图形，瓶颈
以包含鹿和羊的带状图案装
饰，器物表面所画的主要场
景为埋葬死者前处理尸体的
过程。

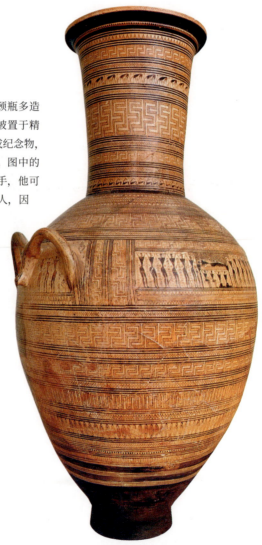

陶篮

约公元前1190—前1050年
陶·高: 14.9厘米，直径: 15.4
厘米·晚期赫拉迪克文明ⅢC期
来自罗德岛，伊阿利索斯
(Ialysos)，12号墓
大英博物馆，英国，伦敦

　　图中的喇叭形碗名为"卡拉索斯"，造型的灵感或来自编织篮。在碗口边沿竖立人像的做法在此期间见于伊阿利索斯和阿提卡的佩拉蒂（Perati），这与其他陶器类型一起，足以证明宫殿体系崩溃后，爱琴海东部和大陆之间仍存在海上贸易。这件器物用于丧葬仪式，碗沿的人物皆为致哀姿态的妇女，其中两位用胳膊拍打着胸口，另一位双手握住脖颈，扯着头发，第四位已经遗失。

马俑

约公元前800—前700年
青铜·高: 17.6厘米·中晚期几何陶时代
出处未知
大都会艺术博物馆，美国，纽约

　　早期铁器时代，区域性的圣所向来是重要的
聚会场所，地方领导者可以通过公开奉献昂贵物
品来彰显权势，表达虔心。拥有马匹本身就是地
位的象征，并且由于其军事内涵以及与雅典娜和
波塞冬的象征性联系，马的形象主导了该时期高
度风格化的地区俑像塑造传统。希腊南部的圣所
内有大量赤陶和青铜器皿被供奉，有些可能就在
圣所内部制造和出售。

三足铜锅

约公元前900—前800年
青铜·高：65厘米（包括手柄）·早期几何陶时代
来自希腊，奥林匹亚，宙斯殿
奥林匹亚考古博物馆，希腊

这件三足铜锅的造型属于青铜时代，是早期铁器时代祭神礼器的主要类型。这些铜锅最初是烹饪器皿，但在《伊利亚特》里，三足器皿是帕特洛克罗斯（Patroclus）葬礼上的竞赛奖品，残留的铭文清楚地表明了铜锅在其他类型的精英比赛中作为奖品的功能。

右图的三足铜锅是幸存于奥林匹亚最早的一例。其适度的尺寸和坚固的结构反映了最初的炊具功能。但随着时间流逝，人们越来越关注器物的公开展示，这些铜锅的牢固性降低，变得更大且更具装饰性，其表面装饰有神话故事的场景或精心制作的铸件。到早期铁器时代末期，那些小的、可供实用的铜锅可能会在圣所内的集会上被用于混制酒饮。另外，具有纪念意义的铜锅则无不表达着所有者的社会地位。比起普通人，他们更容易获得金属，更容易找到技巧娴熟的铁匠；在精英们争相祭神奉献的环境中，他们与所崇拜的神明优先保持着特殊的关系。

在最初的阶段，奥林匹亚圣所很可能满足了当地的需求，成为领导者展现自己权势的聚会场所。随着这些人及其追随者之间竞争加剧，以更大的规模向公众展示信仰的需求也越来越强烈。

带底座的双耳喷口杯

约公元前 750—前 735 年
陶·高: 1.1米·晚期几何陶时代 IB 期
出处未知, 据说来自阿提卡
大都会艺术博物馆, 美国, 纽约

　　双耳细颈瓶与双耳喷口瓶似乎分别专属于希腊精
英阶层的女性和男性墓穴。图中的双耳喷口瓶出自
"赫希菲尔德画家"(Hirschfeld Painter) 的作坊,
是该系列中距今最近的一例。瓶身上方绘有一位躺在
停尸架上的男性死者, 裹尸布已揭去, 亲属与其他哀
悼者分立两旁, 扯着头发, 表达悲痛的心情。瓶身下
方图案是战车和步兵的游行队伍, 也许是对早期铁器
时代精英葬礼上竞技比赛的描绘。

城邦与公民

有人认为这位来自斯巴达雅典娜查克欧克（Chalkioikos）圣所的大胡子重装步兵是列奥尼达（Leonidas）——陨落于温泉关（Thermopylae）的斯巴达国王，也有人认为他是在普拉塔亚（Plateaa）取得胜利的将军帕萨尼亚斯（Pausanias），还有人将其当作重装步兵赛跑（hoplitodromos）的参与者。

古风时期到古典时期的重要特点是希腊城邦出现了，但城邦出现之后，很长一段时间内，某些地区仍存在其他政治制度。虽然关于城邦建立传统的说法常受到有意创造的历史神话和后来的政治言论影响，但这些城邦大多由早期铁器时代众多较小的定居点聚集发展而来，定居点通常位于容易防守的山或卫城附近。

这个过程伴随着法律和宪法改革，旨在建立（或维持）社群认同感，并为早期的中心提供社会和政治稳定。克里特岛东部的德雷罗斯（Dreros）拥有希腊现存最早的石刻法典，可以追溯到约公元前650年。它和其他早期法律已经证明了民主参与以及公民机构在监督精英职位和政治决策中的重要作用。尽管如此，许多城邦仍然经历了专制统治。不过"专制"这个词语在古风时期并无现在的贬义色彩，仅表示统治违宪。虽然后世的记载对当时的专制有所批评，但一些专制统治者会通过赞助节庆以及公共建筑计划来吸引民众的支持，一部分城邦也得以蓬勃发展。

纪念性公共建筑的建设和城邦空间的定型伴随着许多城市的政治发展。本地和泛希腊圣所的建造也都得到大量投入。奥林匹亚最早献给赫拉（Hera）的纪念石庙出现于公元前

雅典卫城的爱奥尼亚柱式神庙是伯里克利计划（Periklean programme）在雅典卫城上建造的几座建筑之一，该计划也包括帕特农神庙。神庙最引人注目的部分是南门廊，六根女像柱代替了传统的支柱，对立式平衡的站姿使它们支撑起神庙看起来毫不费力。

600年左右，而在德尔斐，公元前6世纪初诞生了一大批建筑。圣殿建筑发展的同时，新的泛希腊节庆活动开始在德尔斐、尼米亚（Nemea）和伊斯米亚（Isthmia）形成，与奥林匹亚赛会一起组成了制度化的系列节庆活动。传统上认为成立于公元前566年的"泛雅典娜赛会"是这个系列之外最重要的盛事。

古风时期城邦之间的冲突推动了陆海战术的发展，陆海战争将成为古典时期战争的典型代表。武器和装甲的变化催生了重装步兵，这类新的重型部队最大的特点就是紧密排列的作战方阵。它的演变可能是一个渐进的过程，但在公元前7世纪的艺术作品中已经可以看到类似古典时期形态的描绘。重装步兵不是职业的士兵，而是拥有腹地土地的农民。古风、古典时期的腹地，农场、村庄、神龛、墓地和堡垒随处可见，由马路和通道连通，但目前人们对腹地的认识还不如城邦更深刻明了。

公元前6世纪，希腊铸造了第一批硬币，取代了先前在经济交易中使用的铁块和其他金属。大约在公元前720年，黑绘技术在科林斯的陶器绘画中出现，并于公元前630年左右在雅典被细化完善，孕育了陶器表面的叙事美术。大约在公元前530年，红绘技术的运用使更多细节得以显现。与此同时，酒会的形式初现雏形。帕罗斯的阿尔基洛科斯（Archilochus）、莱斯沃斯的萨福（Sappho）、斯巴达的阿尔克曼（Alcman）和提尔泰奥斯（Tyrtaeus）的作品是诗歌新潮的先声。公元前534年，泰斯庇斯（Thespis）在雅典第一届悲剧比赛中取得胜利，这为公元前5世纪一批悲剧作家的涌现——埃斯库罗斯（Aeschylus）、索福克勒斯（Sophocles）和欧里庇德斯（Euripides）——奠定了基础。真人大小的雕像在公元前7世纪中叶出现，又在公元前5世纪初期明显转向于现实主义的风格。新的多立克式、爱奥尼亚式的庙宇和建筑中出现了雕塑。古典壁画几乎都没能留存下来，但后世记载也使人们对它们的外在形态和所受到的尊崇有了一定的概念。

在政治方面，公元前5世纪后期，雅典和斯巴达（及其各自的盟国）之间爆发了伯罗奔尼撒战争（公元前431—前403年）。斯巴达在波斯人的支持下获得胜利，标志着这场冲突的结束，然而和平的时间很短暂。公元前4世纪初政治动荡，促成了北方一个新的竞争对手——马其顿——的崛起。

腓力二世和亚历山大大帝统治了古典时期的后期。下图这件公元前3世纪早期的大理石头像来自佩拉（Pella）附近的吉安尼塔萨（Yannitsa），原型可能是年轻的亚历山大，他于公元前323年在巴比伦逝世。

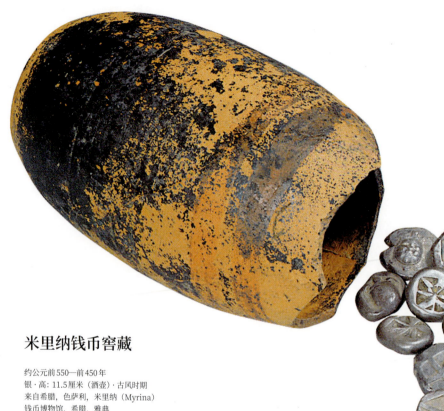

米里纳钱币窖藏

约公元前550—前450年
银·高：11.5厘米（酒壶）·古风时期
来自希腊，色萨利，米里纳（Myrina）
钱币博物馆，希腊，雅典

在以弗所（Ephesus）的阿尔忒弥斯神庙出土的钱币窖藏，将金银合金铸币技术的出现定位于公元前650年左右的吕底亚（Lydia，现土耳其西部）。大约一个世纪以后，东方出现了第一批银币。随后不久，埃伊纳岛发行了希腊最早的银币，很快发展成为铸币的中心，于公元前6世纪后期铸造了大量的"海龟"币（以其正面的设计得名）。米里纳的酒壶（olpe）里藏有一百四十九枚银币，其中包括早期的"海龟"币和之后出现的"陆龟"币，后者常与埃伊纳岛被希腊占领有关。

香熏油瓶

约公元前625—前550年
陶·高:6.7厘米（章鱼图案, 上）, 7.8厘米（尼阿乔斯制作, 中）, 10.2厘米（奥德修斯和塞壬图案, 下）·古风时期
出处未知
普林斯顿大学艺术博物馆（Princeton University Art Museum）, 美国
大都会艺术博物馆, 美国, 纽约
波士顿美术馆（Museum of Fine Arts）, 美国, 波士顿

　　这一类型的油瓶（aryballoi）瓶口窄且外翻, 用来装香薰油。它们最初出现在科林斯, 后来制造了数以千计的油瓶, 品质各有不同, 但不乏精品。油瓶表面的装饰图案多种多样, 图中三件油瓶的图案分别取材自自然、社会和神话。由尼阿乔斯（Nearchos）制作的油瓶, 其外翻瓶口处绘有侏儒与鹤争斗的场景, 在一厘米宽、十三厘米长的区域内绘制了十六个形象。把手部分绘有萨蒂尔（Satyrs）、特里同（Triton）、赫尔墨斯（Hermes）和珀尔修斯（Perseus）的形象, 还有陶艺家、画家尼阿乔斯的签名。

雅典四德拉克马银币

约公元前450—前406年
银·直径：2.5厘米，重：17.2克·古典时期
出处未知
大英博物馆，英国，伦敦

　　雅典四德拉克马银币（一般被称为"猫头鹰"银币）出现时，佩希思特拉底德（Peisistratid）专制结束（约公元前514年），雅典民主开始勃发。铸币用的银采自雅典以南托里库斯（Thorikos）的矿山，一枚四德拉克马银币就是一个熟练劳工四天的工资。银币正面是戴着头盔的雅典娜头像，反面是猫头鹰、橄榄枝和残月图案。雅典娜代表雅典这座城市，而猫头鹰代表雅典娜的智慧。清晰可辨的铭文为"AΘE"三个字母，是"AΘHNAION"的缩写，意为"雅典人的"。

祈祷牌

约公元前575—前550年
赤陶·高: 7.2厘米，长: 10厘米·古风时期
来自希腊，科林斯附近，彭特斯库皮亚（Penteskouphia）
卢浮宫，法国，巴黎

　　科林斯的彭特斯库皮亚遗址已出土千余块祈祷牌。祈祷牌四角钻孔，可能曾被悬挂在波塞冬圣所附近的树上，牌上的铭文大多为所祈求神明的名字。大约有六十块祈祷牌上描绘了匠人工作的场景。这块祈祷牌的背面描绘了一个人从土坑中挖掘陶土的情状，其正面如图所示，是一个陶匠（或者助手）操控着窑炉通风口。这些场景可能反映了在陶器烧制过程中陶匠对神明的求助。

拜邦之石

约公元前625—前575年
砂岩·高：33厘米，长：68厘米·古风时期
来自希腊，奥林匹亚，佩洛普斯墓（Pelopion）东南部
奥林匹亚考古博物馆，希腊

　　这块石头下方凿有内陷的把手，表面刻有以牛耕式转行方式（一种交替使用从左至右、从右至左顺序的书写方式）书写的铭文："拜邦（Bybon），弗拉（Phola）之子，单手将我举过头顶。"举重是当时运动员的一项训练活动，而非奥林匹亚赛会上的正式项目。不过，拜邦单手举石的壮举想必着实让人印象深刻，使得这块重达143.5千克的石头被供奉到了圣所。在同时期的锡拉岛塞拉达（Sellada）附近，一位力士举起了重达480千克的巨石，石上写道："尤马思塔斯（Eumastas），克里托波罗斯（Kritobolos）之子，将我从地面举起。"

阿科马提达斯持重跳远砝码

约公元前550年
石·高:9.2厘米, 长:25.5厘米·古风时期
来自希腊, 奥林匹亚宙斯圣殿
奥林匹亚考古博物馆, 希腊

古风与古典时期的跳远运动具体流程为何尚有争议, 但重1.5千克至2.5千克的手持砝码说明运动员以站姿开始, 最后的成绩应为多级跳各段距离的总和。跳远没有成为单独的项目, 而是五项竞技的一个环节。图中这件砝码属于一位斯巴达的奥林匹克健将, 他"没有扬起灰尘"(意即对手弃权)就赢得比赛, 所刻铭文为: "(此石)献给拉克戴莫尼亚(Lakedaimonia)的阿科马提达斯(Akmatidas), 他没有扬起灰尘就赢得五项竞技。"

界碑

约公元前500年
大理石·高：1.2米，最初发现时地上部分为0.7米·古风时期
来自希腊，雅典古市政广场，发现于中央廊柱以西
古市政广场博物馆，希腊，雅典

　　这块界碑（horos）尽管其貌不扬，却代表着公元前6世纪至公元前5世纪由政治家克里斯提尼（Kleisthenes）推动的雅典城市、社会和政治结构的变革。随着市政广场发展成为新民主的中心，其边界也被正式划定。这些界碑设立于街道进入广场的地方，其上刻有倒书的铭文："我是广场的边界。"它们由宗教认可，意在防止私人建筑入侵公共空间，并限制罪犯等群体进入。

泛雅典娜赛会双耳细颈瓶

约公元前530年
陶·高: 62.2厘米·古风时期
出处未知
大都会艺术博物馆，美国，纽约

　　与奥林匹亚赛会一样，泛雅典娜赛会（普遍认为公元前566年第一次举办）每四年举办一次，包括一系列体育赛事，获胜者的奖品是阿提卡的橄榄油。每只泛雅典娜赛会双耳细颈瓶大约可装三十七升橄榄油，图中这只属于一位竞走冠军，他所获得的橄榄油可装七十瓶之多。赛会的场景在瓶器的背面有所描绘，正面绘有赛会供奉的女神雅典娜及铭 文"tôn athenethen athlôn"，即"雅典的奖品之一"之意。

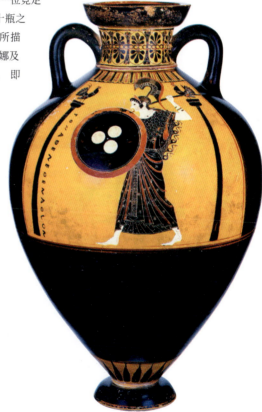

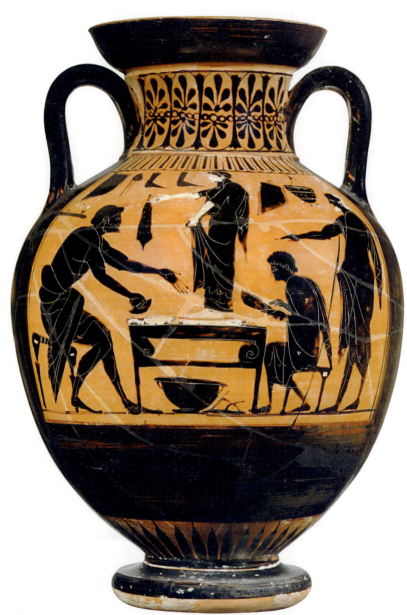

黑绘双耳细颈瓶

约公元前500—前490年
陶·高36.1厘米·古风时期至古典时期
出处未知
波士顿美术馆，美国，波士顿

　　阿提卡的黑绘陶器上通常绘有神话和史诗里的场景，或是雅典社会、政治和文化的风俗。这些场景显露出雅典公民当下的关注，经常传达着社会和政治方面的信息，瓶器也更有市场价值。绘有工业、商贸等日常生活场景的陶器相对少见，这只年代较近的陶器正好描绘了包括这两项活动的场面，它可能是受人委托而造。正面，一名鞋匠正在装备齐全的作坊里为一名女性顾客量足制鞋；背面，一对铁匠在锻造间里锤打着铁砧上的物件。

女运动员

约公元前550—前540年
青铜·高: 11.7厘米·古风时期
来自希腊, 伊庇鲁斯, 多多纳（Dodona）宙斯圣殿
希腊国立考古博物馆, 希腊, 雅典

　　女子没有参加或者观看奥林匹亚赛会的资格, 不过未婚女子可以参加竞走比赛。竞走比赛是为纪念赫拉女神而单独进行的节庆活动的一部分, 每四年在奥林匹亚场馆内举行一次。女运动员像最初依附于青铜碗的或双耳喷口杯的肩部, 可能是斯巴达的竞技者。在众多城邦里, 唯有斯巴达鼓励女性进行体育训练, 据称是为了孕育更强壮的后代。后世记载表明, 斯巴达的体育训练中很多项目是为了年轻人做战争准备而设置的。

理发师像

约公元前500—前480年
赤陶 · 高: 11.6厘米 · 古风时期至古典时期
出处未知, 据说来自希腊, 维奥蒂亚 (Boeotia), 塔纳格拉 (Tanagra)
波士顿美术馆, 美国, 波士顿

　　这件手工制作的理发师像是维奥蒂亚塑像群中的一
件。维奥蒂亚塑像群塑造了烹饪、烘焙、木工等一系列
日常活动, 其中女性形象多于男性。这些塑像
富于动态, 或相互交流, 或忙于活计, 展
示了不少陶艺中罕见的主题。这件理发师
像尤其特殊, 几乎是当时陶艺中的孤品,
而修容理发在当时颇为重要, 理发
店也是古典时期社会男性社交的
重要场合。

陶片

约公元前487或486年
陶·尺寸：多种·古典时期
来自希腊，雅典，古市政广场
古市政广场博物馆，希腊，雅典

　　陶片放逐法是古希腊的一种投票形式，旨在通过投票决定是否流放掌权过多或有暴政倾向的人，从而维护雅典的民主政治。投票数达到六千以上，投票结果才被认可有效。投票者用陶片进行表决，陶片上刻写着被放逐对象的名字，偶尔会有含贬损意义的涂鸦。放逐长达十年，不过被放逐者仍享有公民权利。第一个被使用此法放逐的应当是希帕恰斯（Hipparchus，公元前487或前488年），最后一个可能是希帕波鲁斯（Hyperbolus，约公元前416年）。陶片放逐法最初是一项根本的民主制约手段，但之后因为政治斗争催生的欺诈性投票而逐步丧失效力。

摔跤手铜盆

约公元前490年
青铜·高: 28厘米, 直径: 72厘米·古风时期至古典时期
出处未知, 据说来自意大利皮切努姆(Picenum)地区
波士顿美术馆, 美国, 波士顿

  摔跤、拳击和混合格斗都是适龄年轻男子武术训练的项目。这些项目只在斯巴达构成了体系化的军事训练, 而其他城邦的年轻士兵可能只会通过这些训练来增强体力。训练一般在露天体育场[palaestra, 由希腊语中的"摔跤"(pale)变化而来]进行。这件铜盆可能是拉科尼亚出口的, 描绘了古典式摔跤的场面。根据规则, 三次摔倒对手为胜, 将其压倒在地直至投降亦然, 比赛时不得咬人, 不允许攻击对手腰下, 但允许折断其手指。

《戈提那法典》石碑

约公元前450年或更早
大理石·高: 50厘米, 长: 60厘米·古典时期
来自克里特岛, 戈提那 (Gortyn), 罗马剧场 (Roman Odeion)
卢浮宫, 法国, 巴黎

　　《戈提那法典》铭刻成碑的年代颇具争议, 其上诸多条文似乎源于古风时期, 克里特岛和希腊在这一时期都有过重要的宪法改革。以牛耕式转行方式书写的文字总计10米宽, 2.3米高, 将有关诉讼、领养、宗教礼仪和遗产继承规则 (图中残片所刻) 等百余部法律编入法典。刑罚则包括死刑 (伪证罪) 和火刑 (纵火罪), 对强奸罪只实行罚款 (视强奸犯和受害者的地位而定), 法典给予不同社会阶层的保护也有所区别。

投票器

约公元前350年
大理石·高: 59厘米（现存），宽: 74厘米·古典时期
来自希腊，雅典，古市政广场
古市政广场博物馆，希腊，雅典

　　雅典法院系统在民主进程中起着关键作用，而设置投票器旨在防止内部腐败。每年从公民团体中选出的候选陪审员将获得一枚青铜选票，以此为各自的凭据。审判当天，这些选票会被插入投票器。执法官撬动选择装置，释放青铜管中预置的小球，根据其颜色（黑或白）决定各排陪审员是否当选。整个过程的随机性可以避免贿赂等不公平手段的干预。

铜饼

约公元前 600—前 500 年
青铜·直径: 16.5厘米, 重: 1.2千克·古风时期
出处未知, 据说来自凯法洛尼亚岛 (Kephallonia)
大英博物馆, 英国, 伦敦

除了在奥林匹亚、伊斯米亚、德尔斐和尼米亚举行的泛希腊赛会, 古风时期还有一系列地方赛事。这块铜饼可能来源于伊奥尼亚群岛的凯法洛尼亚岛上举行的一场本地竞赛。比赛结束后, 获胜的运动员将其刻上倒书的铭文, 献给狄奥斯库罗伊 (Dioskouroi)、卡斯托耳 (Kastor) 和波吕丢凯斯 (Polydeukes): "伊索迪亚斯 (Exoidas) 打败了勇敢的凯法洛尼亚人, 将我献给万能宙斯的儿子。"铭文直接引用了《伊利亚特》, 或许意在强调胜者的成就。

米隆《掷铁饼者》复制品

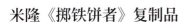

约公元100—200年，原作时间为约公元前
460—前450年
大理石，原作为青铜制·高：1.5米·罗马帝国
时期，原作为古典时期
来自意大利，罗马，埃斯奎林山（Esquiline
Hill），帕罗姆巴拉别墅（Villa Palombara）
罗马国家博物馆（National Roman Museum），
意大利，罗马

　　雅典雕刻家米隆（Myron）的
《掷铁饼者》（*The Discobolos*）捕捉了运
动员蓄力达到顶点的一瞬。古典时期的
雕刻家开始在作品中探索人体、时间和
空间的关系，而米隆可以说是表现运动
和谐之美的第一位大师。他所有
作品的原件都已遗失，只能靠
古文献的记载来帮助识别后世
的复制品。尽管在运动员腿部
添加了一段树干，用以支撑
大理石的重量，但右图这
件复制品被认为与原件最
相似。

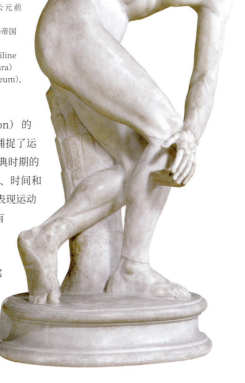

双色绘双耳陶瓶

约公元前 525—前 520 年
陶·高: 55.5 厘米·古风时期
出处未知
波士顿美术馆, 美国, 波士顿

　　红绘技法形成发展于古风时期晚期（约公元前530年），相比过去能够表现更多细节，呈现效果也更为自然。随着黑绘陶器逐渐"失宠"，红绘陶器愈受欢迎，一种全新的双色绘陶瓶出现了，其正反面分别采用两种技艺绘制同一场景。双色绘很可能反映了当时瓶画师对新风格的不确定性。图中这件陶瓶的两面由两位画家绘制完成，一位是安多基德斯（Andokides）画家，另一位是莱西彼得斯（Lysippides）画家。两位画家画的都是《荷马史诗》中的英雄埃阿斯（Ajax）和阿喀琉斯下棋的场景。

红绘双耳浅口大酒杯

约公元前490—前480 年
陶·高: 12.8厘米, 直径: 33.2厘米·古风时期至古典时期
出处未知
波士顿美术馆, 美国, 波士顿

　　古风时期和古典时期, 精英阶层的男性公民都会到"男室"举办酒会, 宴饮消遣。"男室"内从左到右摆放着沙发, 参加酒会的人就躺在这些沙发上。每张沙发最多坐两人, "男室"也会根据可容纳沙发的数量 (7、11或15) 分为不同的档次。如柏拉图在《会饮篇》(*Symposium*) 中所写那样, 男人们会游戏交谈, 把酒高歌。女人则只可作为乐手、舞者或妓女入场。酒杯上经常会描绘宴饮者与女子交欢的情状, 不过现实是否如此并不

这件6世纪晚期的红绘冰镇壶由画家欧弗洛尼奥斯（Euphronios）署名，表面绘有裸体妓女宴会的场面。

清楚。宴饮者会选出一位组织者来指导酒宴的流程，负责混合酒与水。酒会采用一整套酒具，每一件都有具体的功用。许多酒具上都绘有酒会的场景。上页酒杯内底的圆形画由画家马克隆（Makron）绘制，画中一位斜躺着的宴饮者正向一位上前抓着他胡子的女子做出反抗的手势。酒杯外侧画有不同组合的男男女女，其中一些显然急于求爱。

红绘双耳浅口大酒杯

约公元前480年
陶·高12.7厘米，直径27.2厘米
古典时期
出处未知
金贝尔艺术博物馆（Kimbell
Art Museum），美国，沃斯堡
（Fort Worth）

　　这只酒杯表面的图画由杜里斯（Douris）画家所绘，表现的是神话中底比斯国王彭修斯（Pentheus）之死。他因为拒不承认酒神狄俄尼索斯之神性，禁止民间参拜酒神，触怒了狄俄尼索斯。狄俄尼索斯使彭修斯的母亲和姨母们变得疯狂，让她们活撕了彭修斯。与酒神有关的意象在宴饮的酒具上颇为常见。彭修斯血淋淋的死相虽然可怖，但是不乏意趣，而且背后还有深层的内涵。彭修斯因为傲慢而受害，而这种傲慢被当成是对公共秩序和民主自由的威胁。

雅典《反暴政法》石碑

约公元前337或336年
大理石·高: 1.6米·古典时期
来自希腊，雅典，古市政广场
古市政广场博物馆，希腊，雅典

公元前338年，马其顿击败雅典、底比斯和科林斯等城邦组成的联盟，希腊（斯巴达除外）只好屈服于马其顿霸权之下。为了保全民主政治，雅典于第二年通过了《反暴政法》，以阻止反民主、亲马其顿的行动。该法承诺不会起诉杀死反民主者的公民，并阻止议员在人民缺席的情况下自作主张。图中的石碑是两份副本之一，两块石碑分别立于议院的入口和公民大会的会场。石碑上部的浮雕所刻人物为民主的化身（Demokratia）和人民的化身（Demos），前者正在为后者加冕。

阿提卡—维奥蒂亚式胸针扣环

约公元前700—前675年
青铜·长：20厘米·古风时期
来自克里特岛，埃达山山洞（Idean Cave）
希腊国立考古博物馆，希腊，雅典

　　大的扣环（fibula）在早期铁器时代出现，先后在阿提卡
和维奥蒂亚得到改良，变得更大、更精致。这只扣环来自早期
铁器时代克里特岛上最重要的圣所之一，是金属器物从希腊中
部传向岛上的罕见例子。扣环板的正面，赫拉克勒斯正与埃克
托（Aktor）和莫利欧内（Molione）的双胞胎儿子科忒阿图斯
（Cteatus）和欧律托斯（Eurytus）（两人在《伊利亚特》
中被提及，通常被认为是连体兄弟）战斗。扣环板
的背面，一对弓箭手在船上蓄势待发。

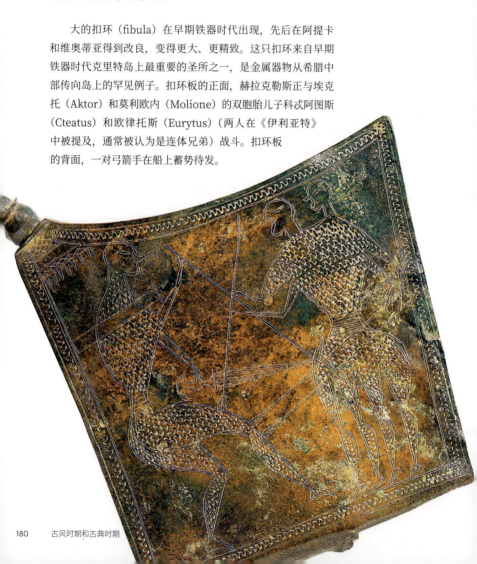

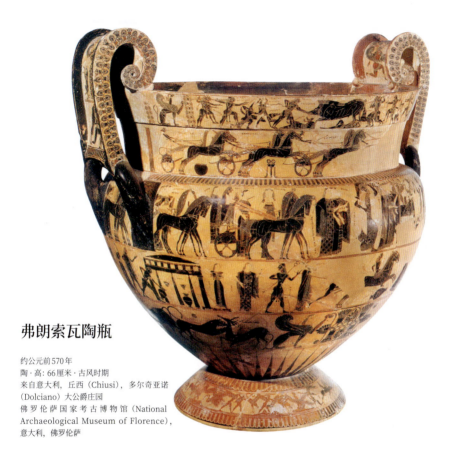

弗朗索瓦陶瓶

约公元前570年
陶·高：66厘米·古风时期
来自意大利，丘西（Chiusi），多尔奇亚诺
（Dolciano）大公爵庄园
佛罗伦萨国家考古博物馆（National
Archaeological Museum of Florence），
意大利，佛罗伦萨

　　弗朗索瓦陶瓶不仅是最早的阿提卡式蜗壳状双耳喷口陶器，更是古风时期黑绘陶器的杰作。它由陶艺家埃尔戈提莫斯（Ergotimos）和画家克莱提亚斯（Kleitias）共同署名，表面绘有神话场景，其中包括二百七十个人物和一百二十一条铭文，以阿喀琉斯的父母——珀琉斯（Peleus）与海洋女神忒提斯（Thetis）的婚礼为核心。瓶身绘画背后的意图颇受争议。这件瓶器做工精美，不过还无法确定它是作为宴饮酒具被出口，还是作为名贵器物用于其他场合。

蓝胡子楣饰

约公元前560—前540年
大理石·高：0.8米，宽：3.3米·古风时期
来自希腊，雅典，卫城
卫城博物馆（Acropolis Museum），希腊，雅典

尽管有证据表明在雅典卫城有一座公元前7世纪的庙宇，但备受争议的"H"庙（Temple H）应当是首座留有残垣可供寻求意义的石庙。它可能建造于重新组织泛雅典娜赛会的年代，这也反映出纪念性寺庙建筑对于城邦身份的重要性。蓝胡子楣饰塑造了三个男性的躯干，其腰部与蛇形身体相连，三人分别代表一种基本元素（水、火和空气）。这个怪物通常被认为与提丰（Typhon）或革律翁（Geryon，赫拉克勒斯第十个任务中的主角）相关，但其具体身份尚不清楚。

巨人之战楣饰

约公元前525—前500年
大理石·高：2米·古风时期
来自希腊，雅典，卫城
卫城博物馆，希腊，雅典

　　旧庙（Archaios Naos）取代了早先的"H"庙。旧庙的许多建筑残垣得以幸存，不少还被重复使用，成为雅典卫城北墙的一部分。旧庙东侧的楣饰刻画了众神与巨人之间的"巨人之战"（Gigantomachy）场景。雅典娜女神身披蛇纹羊皮斗篷，正跨过倒下的巨人，准备用长矛攻击另一个巨人，长矛现已遗失。这座寺庙是新民主的见证，楣饰所刻场景可能反映了当时的城邦克服诸多挑战从而取得胜利的经历。

克里蒂奥斯男孩

约公元前490—前480年
大理石·高: 1.2米（残存）·古典时期
来自希腊, 雅典, 卫城
卫城博物馆, 希腊, 雅典

　　从古风时期到古典时期, 独立雕塑的风格了发生重要变化, 逐渐向对人体结构和肌肉组织的写实性刻画转变。克里蒂奥斯男孩最初被发掘时没有头部（据说被一把波斯的斧子砍去了）, 它是现存最早表现出上述转变的雕塑。人物因其对立式平衡的站姿而出名, 身体的重量转移到一条腿上, 整体姿态虽不对称但很真实。这将成为古典时期男性雕像的共同特征, 雕塑家从而能够在作品中探索人物的形体律动和精神风貌, 展现着理想古典男性所拥有的平静之心。

波吕斐摩斯双耳细颈瓶

约公元前675—前650年
陶·高：1.4米·古风时期
来自希腊，阿提卡，埃莱夫西斯
埃莱夫西斯考古博物馆（Archaeological Museum of Eleusis），
希腊，埃莱夫西斯

这件带颈柄的瓶器由波吕斐摩斯（Polyphemus）画家绘制。它最后成为一名十岁左右男孩的陪葬品，如今它已是该时期所知最精美的瓶器。瓶颈上刻画了荷马《奥德赛》中醉酒的独眼巨人波吕斐摩斯被奥德修斯（白色人物）戳瞎眼睛的场景。瓶身上，将蛇发女妖美杜莎（Medusa）斩首后的珀尔修斯正逃避其姐妹的追逐。画家选择这两个场景或许意在表现死亡或逃生的主题。

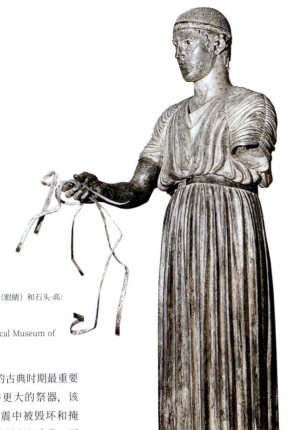

德尔斐驾车人

约公元前480—前470年
青铜、银（头带）、铜（嘴唇）、玻璃（眼睛）和石头·高：
1.8米·古典时期
来自希腊，德尔斐的阿波罗神庙
德尔斐考古博物馆（Archaeological Museum of
Delphi），希腊，德尔斐

　　德尔斐驾车人是现存的古典时期最重要
的青铜器之一，属于一件更大的祭器，该
祭器于公元前373年在地震中被毁坏和掩
埋。底座上的铭文显示其为胜利纪念像，可
能是希罗一世（Heiron I）——希腊殖民
地杰拉（Gela）和锡拉库萨（Syracuse）
的君主——为庆祝他在皮提亚赛会的胜利
而立。这段铭文后来又被另一段覆盖，可
能是希罗一世的继位者和兄弟珀利奇洛斯
（Polyzelos）为将雕像占为己有后所刻。最
近的分析表明，底座和驾车人铜像可能分属
于两个独立的纪念像。

帕特农神庙浮雕群像

约公元前447—前433或432年
大理石・高：1.2米（排档间饰），1.7米（东侧楣饰最右侧雕像G）・古典时期
来自希腊，雅典，卫城
大英博物馆，英国，伦敦

　　帕特农神庙是供奉雅典娜女神最大的神殿，庙中的雅典娜女神像为菲狄亚斯（Pheidias）用黄金和象牙所造。根据残存的年鉴，神庙的建筑时间为公元前438年，不过与菲狄亚斯所造的奥林匹亚宙斯像一样，女神像也已遗失。宏伟的神庙和壮美的装饰构成了雅典政治宣传最辉煌的篇章。外部的多立克式饰带由九十二块排档间饰组成，描绘了神话中的战斗场景：南侧为拉皮斯人与半人马之间的"半人马之战"（Centauromachy），西侧为希腊人与亚马逊人之间的"亚马逊之战"（Amazonomachy），东侧为众神和巨人之间的"巨人之战"，北侧为"希腊人包围特洛伊"（Iliupersis）。所有场景都有一个共同的主题：雅典人战胜外邦人，文明战胜野蛮。内部的爱奥尼亚式饰带长达一百六十米，描绘了希腊卫城在庆祝泛雅典娜节时的游行场面，游行与音乐盛会和竞技赛共同组成了雅典最重要的宗教节日活动。也有说法称，游行场面暗含了雅典在马拉松战役中击败波斯的意味。图中为神庙东侧的楣饰，描绘了雅典娜在众神的注视下从宙斯的头颅中出生的场景。西侧的楣饰刻画了雅典娜与波塞冬为夺取成为雅典守护神的权力而进行的斗争。

右图的30号排档间饰（South Metope XXX）的场景取自"半人马之战"，战争发生于拉皮斯国王庇里托俄斯（Pirithous）的婚宴上，图中的半人马正踩着准备袭击的拉皮斯人。

里亚切勇士

约公元前460—前450年
青铜、方解石（眼睛）、银（牙齿）、铜（乳头和嘴唇）·高：均为2米·古典时期
来自意大利，雷焦卡拉布里亚（Reggio Calabria），里亚切（Riace）附近的海域
雷焦卡拉布里亚国家考古博物馆（National Archaeological Museum of Reggio Calabria），意大利，雷焦卡拉布里亚

里亚切勇士青铜像采用一种叫作"间接失蜡法"的复杂技术铸造而成。它们或许是某个希腊圣所中胜利纪念像的一部分，在运往意大利的途中因为船只失事而遗失。两座雕像的身份颇受争议，根据人体的比例和模型，雕像A（右）可能是一位英雄，而雕像B（左）后脑戴着科林斯式头盔，被认为是一位将军。也有学者称，这两座雕像与雅典为纪念马拉松战役胜利而在德尔斐竖立的十三座由雕塑家菲狄亚斯铸造的青铜纪念像有关联。

象牙头雕

约公元前340—前330年
象牙·高：3.2厘米（腓力二世，左），3.4厘米（亚历山大大帝，右）·古典时期
来自希腊，伊马夏（Imathia），韦尔吉纳（Vergina）II号墓
埃格皇家陵墓博物馆（Museum of The Royal Tombs of Aig），希腊，韦尔吉纳

　　腓力二世的墓中有一张精致的木沙发，其正面和腿部由象牙、玻璃和黄金制成的浮雕装饰，其余部分被镀金浮雕和颜料覆盖。其中有两个场景可辨识：上横杆表面是阿佛洛狄忒、狄俄尼索斯、厄洛斯（Eros）和西勒努斯（Silenus）聚集一起的场景；其下是一个狩猎场景，包括至少十四个骑行或步行的人物。图中的两个象牙头雕就来自后者，最初涂有明亮的颜色，左边的通常被认为是腓力二世，右边的则是亚历山大大帝。

菲狄亚斯杯

约公元前430—前410年
陶·高：7.7厘米·古典时期
来自希腊，奥林匹亚宙斯圣殿
奥林匹亚考古博物馆，希腊

　　雅典雕塑家菲狄亚斯不仅在自己的时代声名远播，在如今的希腊艺术史上也占据着崇高的地位。他的作品广泛流传，其中代表是于公元前430年为奥林匹亚宙斯神庙所造的宙斯巨像，被列入"世界七大奇迹"。菲狄亚斯创造巨像的地方是位于圣殿西侧的一个作坊，考古学家在其中发掘出工具、模具和原材料，以及下图这个小小的黑釉杯，杯底涂写着一句话："我属于菲狄亚斯"（Pheidio Eimi）。

色诺芬托斯细颈有柄长油瓶

约公元前400—前380年
陶·高：38.5厘米·古典时期
来自克里米亚（Crimea），刻赤[Kerch，古潘提卡帕翁
（ancient Pantikapaion）]
艾尔米塔什博物馆（State Hermitage Museum），俄罗斯，
圣彼得堡

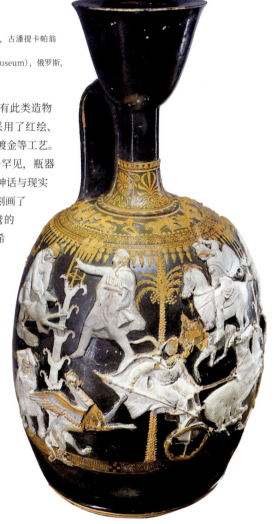

　　这件细颈有柄长油瓶是所有此类造物
中最大也最为复杂的一件，采用了红绘、
模制浮雕、泥浆涂绘、绘画和镀金等工艺。
这一系列工艺的组合运用十分罕见，瓶器
表面希腊与波斯元素的融合、神话与现实
主题的混搭也颇为独特。瓶身刻画了
波斯人捕猎野猪、雄鹿和狮鹫的
场景。场景可能发生在神话中希
柏里尔人（Hyperboreans）
的国度，整个器物或许反映
了希腊人眼中波斯人的自大
傲慢和侵略野心。瓶身上
写着："雅典人色诺芬托斯
（Xenophantos）制造"。

奇吉酒壶

约公元前650—前640年
陶·高：26厘米·古风时期
来自意大利，伊特鲁里亚（Etruria），韦约，阿古佐山（Monte Aguzzo）的一座坟墓
伊特鲁里亚国家博物馆（National Etruscan Museum），意大利，罗马，朱利亚别墅（Villa Giulia）

这件精美的酒壶是古风时期艺术的杰作，由奇吉（Chigi）画家绘制，也许是对重步兵方阵（hoplite phalanx）最早的艺术表现。重步兵不是专业的士兵，而是原本忙于耕种的城邦农民，hoplite取自他们所带的工具（tahopla，意为"工具"），而非他们的盾牌（aspis，常误作hoplon）。古风时期的士兵并无固定的武器，而是用各类兵器和盔甲来组合成较轻或较重的装备。古风时期早期的方阵颇为松散，斯巴达诗人提尔泰奥斯对彼时的战役有过颇为血腥的描写，他笔下的军队灵活机动，经常有不同类型的部队混组作战。

到古典时期，方阵已演变成紧密排列的阵形，以长矛为主要武器，盾牌用以保护左边的人的右侧。重步兵战的思维对城邦社会影响重大，但它在实战中的运作（比如两军交战时如何推进）及其社会和政治意义仍有待商榷。

后世的文献表明，方阵的前进伴随着号角和战歌，士兵们会同唱一首军歌或颂歌来保持同步，稳固队形。上图中的斯巴达人通过吹奏笛子来达到相同的目的。

克洛伊索斯青年像

约公元前530年

大理石·高：1.9米·古风时期

来自希腊，阿提卡，阿纳维索斯（Anavyssos）

希腊国立考古博物馆，希腊，雅典

　　这座真人大小的青年像立于一位名叫克洛伊索斯（Kroisos）的雅典重步兵的墓前。青年像并非意在刻画某个特定的个体，而是代表着拥有贵族德行和卓越身心的理想青年形象。无论男女，雕像都是身体紧绷，姿态标准——整体直立向前，双臂稍稍弯曲，双拳紧握，左腿向前。尽管如此，青年像仍是向现实主义雕塑迈出的重要一步。雕像基座上保留着向路人发出邀请的铭文："请在克洛伊索斯的墓碑前停步哀悼，他在前线作战时被暴力的阿瑞斯（Ares，战争之神）摧毁。"

米提亚德头盔

约公元前490年
青铜·高: 28厘米（最高处）·古风时期至古典时期
来自希腊，奥林匹亚宙斯圣殿
奥林匹亚考古博物馆，希腊

通常以一体式铸造的科林斯式头盔可提供完整的头部保护，但也会妨碍视力和听力。它是整个古风时期和古典时期早期最普遍的头盔类型，与重装步兵战的出现密切相关。武器和装甲通常是战利品，是希腊大陆上泛希腊圣所中常见的供奉祭器。这顶头盔上刻有米提亚德（Miltiades）献给宙斯的铭文。米提亚德可能是雅典的将军，曾在公元前490年的马拉松战役中领导军队击败波斯。

蛇柱

约公元前479年

青铜·柱高：5.4米·古典时期

来自希腊，德尔斐，阿波罗神庙

（蛇柱）君士坦丁堡赛马场（Istanbul Hippodrome），土耳其，伊斯坦布尔

（蛇头）伊斯坦布尔考古博物馆（Istanbul Archaeological Museums），土耳其，伊斯坦布尔

　　参加过普拉塔亚战役（公元前479年）的老兵们在德尔斐竖立了这根蛇柱，旨在纪念希腊在第二次希波战争中的胜利。据称，它由那次战役的战利品制造而成，其上刻有三十一个参战城邦的名字。它最初高约九米，柱身为三条相互缠绕的蛇，蛇头支撑着一只巨大的三足金碗。金碗于公元前4世纪被盗走，只留下柱身。到公元4世纪，君士坦丁大帝将蛇柱转移到君士坦丁堡，竖立在古竞技场上。

勒诺尔芒浮雕

约公元前410年
大理石·高: 39厘米, 宽: 52厘米·古典时期
来自希腊, 雅典, 卫城
卫城博物馆, 希腊, 雅典

公元前6世纪, 三桨座战船在雅典的发展改变了海战的格局, 也巩固了古典时期雅典在地中海区域的地位。巅峰时期的雅典海军约有四百艘战船, 在比雷埃夫斯 (Piraeus) 港口的考古发掘还发现了船队越冬的船棚。由于至今没有发现任何沉船残骸, 当时的相关文本和艺术描绘对于理解其构造就显得至关重要。勒诺尔芒 (Lenormant) 浮雕是一块小的浅浮雕, 描绘了战船右舷的中层, 这艘船可能是搭载着英雄帕拉洛斯 (Paralos) 的雅典旗舰船。

船首攻锤

约公元前490—前323年
青铜·长: 80厘米·古典时期
出处未知，据说来自希腊，埃维亚岛，阿尔铁米西昂（Artemision）
比雷埃夫斯考古博物馆（Archaeological Museum of Piraeus），希腊，雅典

    船首攻锤是三桨座战船的主要进攻武器。它的设计旨在攻击敌船中部的弱点，撞坏敌船船身，或在突破敌方防线后，攻击其船尾。攻锤还可以破坏桨手所在的位置，不过这样的操作风险不小。已知留存下来的船首攻锤极少。若非战船被俘或沉没，攻锤会被重新分配和重复利用，损坏的那些则被当作废品出售。

石眼

约公元前500—前400年
大理石·高：24厘米，长：53厘米·古风时期至古典时期
来自希腊，比雷埃夫斯，泽亚港（Zea Harbour）
比雷埃夫斯考古博物馆，希腊，雅典

　　这枚石眼是一对中的一只，用于装饰雅典三桨座战船的船头。它最初可能是存放于泽亚港的船棚或武器库中的补给品。《比雷埃夫斯港海军装备清单》（*Piraeus Naval Inventories*）是公元前4世纪的一批石碑上所刻的海军装备列表，石眼就被记录在其中，碑文还记录了包括石眼所属的战船在内的船名（"顺风号""不朽号"等）及其状况，其中一些船的石眼被列为"破损"或"丢失"。从图中这只石眼上可以看到眼睑和泪管，表面还残留着虹膜的痕迹。之所以用石眼来装饰船只，可能是因为当时人们把战船看作奔突的动物，也可能是出于辟邪的需求。

胸甲

约公元前400—前336年
铁和金·尺寸：未知·古典时期
来自希腊，伊马夏，韦尔吉纳II号墓
埃格皇家陵墓博物馆，希腊，韦尔吉纳

　　这件铁制胸甲是同类中最古老的一件，是腓力二世下葬时所埋全副纪念盔甲的一部分。它由铁板铰接而成，内衬皮革，外沿镶有波状花纹金边。胸甲的前板和左侧装饰有八个配有金环的金制狮头，可穿皮带以固定收紧。右侧金片上的人物为雅典娜，保护下身的皮革短裙上有棕榈图案作为装饰（现已遗失）。腓力二世之子亚历山大大帝在庞贝（Pompeii）镶嵌画上也穿着类似的胸甲（见第253页）。

投射箭头

约公元前350年
青铜·长：6.8厘米·古典时期
出处未知，据说来自希腊，哈尔基季基半岛（Chalcidice），奥林索斯（Olynthus）
塞克勒博物馆（Arthur M.Sackler Museum），哈佛艺术博物馆（Harvard Art Museums），美国，剑桥

　　公元前348年，腓力二世向奥林索斯进发。这座城邦被围困，最终靠出卖公民为奴隶来补偿战争的费用。这枚箭头上刻有倒写的铭文"ΦΙΛΙΠΠΟ"，意即"属于腓力"。这只箭头比典型的箭头大得多，可能是火炮的一部分。马其顿的投掷兵也会在铅弹上刻写文字，像"接着！"这样嘲弄敌人的话语。

德克西罗斯石碑

约公元前394年
大理石·高：1.9米·古典时期
来自希腊，雅典，凯拉米克斯公墓
凯拉米克斯博物馆（Kerameikos Museum），希腊，雅典

德克西罗斯（Dexileos）死于斯巴达和以雅典为首的城邦联盟之间的科林斯战争，他的名字还出现在雅典另外两座纪念碑上。第一座纪念碑上刻着"在科林斯倒下"的伤亡名单；第二座纪念碑由希皮斯骑兵设立，以纪念在尼米亚河和科罗尼亚战役中阵亡的士兵。德克西罗斯的家眷用拿到的钱为他的空墓冢立了第三座纪念碑，借用了最高级别的艺术意象（通常只用在帕特农神庙的纪念碑上），将德克西罗斯刻画为独立的个体和英雄。碑上铭文为："托里库斯的德克西罗斯，莱桑尼亚斯（Lysanias）之子，生于特桑德罗斯（Teisandros）执政年间（公元前414或前413年），卒于欧布里德（Euboulides）执政年间（公元前394或前393年）。他战死于科林斯，是五名骑兵之一。"

ΔΕΞΙΛΕΩΣ ΛΥΣΑΝΙΟ ΘΟΡΙΚΙΟΣ
ΕΓΕΝΕΤΟ ΕΠΙ ΤΕΙΣΑΝΔΡ ΘΑΡΧΟΝΤΟΣ
ΑΠΕΘΑΝΕ ΕΠ ΕΥΒΟΛΙΔΟ
ΕΝ ΚΟΡΙΝΘΟΙ ΤΩΝ ΠΕΝΤΕ ΙΠΠΕΩΝ

矛尾

约公元前500—前400年
青铜·长: 28.7厘米·古风时期至古典时期
出处未知, 据说来自希腊, 奥林匹亚宙斯圣殿
大英博物馆, 英国, 伦敦

  矛是重装步兵的主要武器, 一般长约2.7米, 通常配有实心铸造的四棱尾刺, 被称为"蜥蜴杀手"(sauroter)。矛尾既可以平衡矛头的重量, 又可以防止矛的末端碎裂。它可以使矛在没有支撑的情况下立在地面上, 在矛头被毁时还能作为备用武器应急, 但在文艺作品里它似乎经常用来给已被打倒的敌人致命一击。图中这枚矛尾可能为祭器, 其上的铭文为: "塞奥佐罗斯(Theodoros)将我献给(宙斯)王。"

阵亡士兵名录

约公元前500—前400年
大理石·高: 24.1厘米·古风时期至古典时期
来自希腊, 雅典, 古市政广场
古市政广场博物馆, 希腊, 雅典

在公元前5世纪的希腊, 阵亡士兵（包括奴隶和外邦人）被火化和集体埋葬后, 他们的名字会被刻在立于国家公墓的石碑之上, 并于战时每年的纪念仪式上念诵。一般的做法是在战场将尸体原地焚化掩埋, 但雅典人以非同寻常的方式对待他们的子民。他们把阵亡士兵的名字刻在并不大的石块上（如图所示）, 根据部族隶属关系来组织分类, 只记录名字（不包括取自父亲的名字）和地点, 偶尔标明军衔, 以此来强调这些为国捐躯的战士的集体民主身份。

弓袋箭箙

公元前 400—前 336 年
银和金·高: 46.5 厘米 (最大), 宽: 25.5 厘米 (最大)·古典时期
来自希腊, 伊马夏, 韦尔吉纳 II 号墓
埃格皇家陵墓博物馆, 希腊, 韦尔吉纳

　　这件银制镀金弓袋箭箙在出土时里面还装着一整套箭, 有三种尺寸, 共七十四支。使用这类弓袋箭箙的主要是欧亚草原的斯基泰人 (Scythians), 他们凭借反曲弓的技术在古代闻名。图中的弓袋箭箙表面运用凸纹的技艺, 刻画了城邦被攻陷的场景: 进攻者玷污毁坏城邦的圣所, 圣所里面是避难的民众; 防御者试图反击但未成功, 怀抱婴儿的妇女落荒而逃。与这件弓袋箭箙埋在一起的女人的身份颇受争议, 她可能是腓力二世的第六任妻子, 有盖塔 (Getae) 和斯基泰血统的公主梅达 (Meda)。

斯巴达盾

约公元前425年
青铜·直径: 97厘米·古典时期
来自希腊, 雅典, 古市政广场
古市政广场博物馆, 希腊, 雅典

据帕萨尼亚斯记载, 雅典古市政广场的彩绘柱廊 (Stoa Poikile) 上画满了雅典军队得胜的场景, 它们由古典时期最负盛名的名家画作构成: 波利高诺托斯 (Polygnotos) 的《攻占特洛伊》(*Sack of Troy*)、米孔 (Mikon) 的《亚马逊之战》(*Amazonomachy*)、帕纳诺斯 (Panainos) 著名的《马拉松战役》(*Battle of Marathon*) 和佚名的《奥伊诺阿战役》(*Battle of Oinoēa*)。柱廊上还会展出雅典人的战利品, 这块盾牌属于其中一组, 其上的铭文表明它属于在斯法克蒂里亚 (Sphakteria) 战役 (公元前425年) 中投降的斯巴达士兵: "雅典人在皮洛斯从拉栖第梦人 (Lakedaimonians, 一说拉栖第梦即斯巴达) 那里 (夺得此物)。"

维奥蒂亚头盔

约公元前400—前323年
青铜·高：24厘米，深：34厘米·古典时期
来自伊拉克，底格里斯河（River Tigris）
阿什莫尔博物馆，英国，牛津

　　公元前334年春，亚历山大大帝率领三万至五万
大军进入亚细亚。军队于公元前331年渡过底格里斯
河，向北进军，最终在高加米拉（Gaugamela，位
于如今的摩苏尔附近）战胜波斯的阿契美尼德帝国
（Achaemenid Empire）。根据历史学家狄奥多罗
斯·西库斯（Diodorus Siculus）的记载，渡河十
分艰难，亚历山大大军的一部分甚至被河水冲走。这
顶头盔或许属于当时的一个骑兵，他可能也在渡
河时丧生。这种类型的头盔直到希腊化时
期还在被使用。

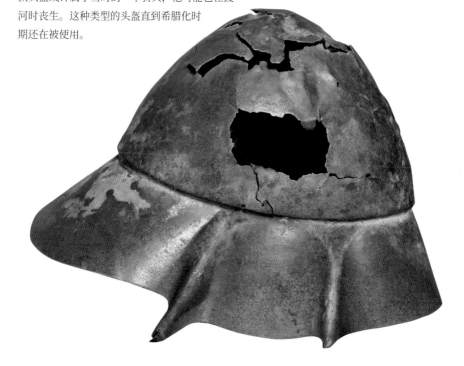

纳克索斯岛狮身人面像

约公元前570—前560年
大理石 · 高: 2.9米 · 古风时期
来自希腊，德尔斐，阿波罗神庙
德尔斐考古博物馆，希腊，德尔斐

这座狮身人面像由纳克索斯岛的精英在公元前
570年左右建立，这是第一次爱琴海岛屿居民向德
尔斐献祭。这一时期的人们可能还见证了圣所逐渐
变成纪念碑的过程和泛希腊皮提亚赛会（Pythian
Games）的创立。这座雕像最初置于一根巨大的爱奥
尼亚柱顶，总高度超过十二米。使用柱子来垫高祭物
的做法很快就被竞相效仿。人与动物相结合的形象备
受纳克索斯岛青睐，雕像高度显著，在圣所内的摆放
位置也经过精挑细选，以充分展现视觉冲击的效果和
精神理念的传达，彰显献祭者的权势。

尼康德列少女像

约公元前650年
大理石·高：1.7米·古风时期
来自希腊，提洛岛，阿尔忒弥斯和阿波罗神庙
希腊国立考古博物馆，希腊，雅典

　　这座真人大小的少女像是希腊艺术史上最早的完整女性雕像，标志着大理石向雕刻用途的转变和戴达里克（Daedalic）风格的出现：完全正面的视角、假发似的头发、杏仁状的大眼睛和神秘莫测的"古风式微笑"。少女像立于阿尔忒弥斯庙附近，铭文显示其为尼康德列（Nikandre）献给这位女神的雕像："尼康德列将我献给远射手、纳克索斯岛迪诺戴克斯（Deinodikes）优秀的女儿、迪诺米尼斯（Deinomenes）的姐妹、弗拉克索斯（Phraxos）的妻子。"

佩普洛斯女雕像

约公元前530年
大理石·高: 1.2米·古风时期
来自希腊，雅典，卫城
卫城博物馆，希腊，雅典

　　这座佩普洛斯女雕像（Peplophoros）
与古风时期众多著名塑像一起立于雅典卫城
之上。它得名于人物所穿的服饰，但其实并
非佩普洛斯长袍，而是神袍（ependytes），
表面还留存着明艳的色彩痕迹。大多数希腊
雕塑都会使用矿物颜料和有机结合剂（也许
是鸡蛋或蜡）反复上色，与新古典主义艺术
家所崇尚的纯白大理石像相去甚远，甚至对
现代审美而言都显得过分俗艳。也有其他少
女像显露出镀金的迹象。这座少女像曾安装
过青铜制成的附加组件，现已遗失。她可能
手持弓和长矛或者两支箭，也因此被认为是
阿尔忒弥斯或者雅典娜。

代尔韦尼双耳喷口杯

约公元前370年
青铜和银·高: 90.5厘米·古典时期
来自希腊,塞萨洛尼基附近,代尔韦尼(Derveni),坟墓B
塞萨洛尼基考古博物馆(Archaeological Museum of
Thessaloniki),希腊,塞萨洛尼基

涡形双耳喷口杯通常用来在酒会上混合酒水,
不过这只代尔韦尼杯最初可能是祭祀酒神用的礼
器,在失掉底座后就被当作陪葬用的瓮(约公元
前330—前300年)。杯身上主要的场景为狄俄尼
索斯和阿里亚德涅(Ariadne)的婚礼,但就酒杯
整体而言,也可能表达着死亡和重生的主题。杯
口的银字铭文记录道:"阿斯蒂昂(Astion),阿
那克萨戈拉(Anaxagoras)之子,来自拉里萨
(Larissa)。"但还不确定墓内的遗体是否就是阿斯
蒂昂本人。酒杯尽管看起来是金色的,但其实是锡
铜合金的青铜器皿,锡含量高达近百分之十五。

阿尔忒弥斯
和阿波罗

约公元前600—前500年
金、象牙、银和瓷釉·高: 23厘米 (阿尔忒弥斯), 24.5厘米 (阿波罗)·古风时期
来自希腊, 德尔斐, 阿波罗神庙
德尔斐考古博物馆, 希腊, 德尔斐

　　德尔斐"神圣之路"(Sacred Way) 下的两个坑穴曾发掘出一堆贵重的文物, 其中就包括用金和象牙制成的阿波罗 (下页图) 和阿尔忒弥斯 (上图) 头雕, 以及另一件真人大小的勒托 (Leto) 像。它们可能是某个城邦金库里的财物, 在公元前5世纪后期的一场大火中被烧毁和掩埋。黄金和象牙制成的雕像异常昂贵, 制作技艺极具挑战性。有学者试图将这些雕像与吕底亚国王克洛伊索斯 (Croesus) 在德尔斐供奉的祭物联系起来, 也有学者认为它们可能来自萨摩斯的君主。

皮萨木板画

约公元前540—前530年
木头·高: 15厘米, 宽: 30厘米·古风时期
来自希腊, 西锡安 (Sikyon) 附近, 皮萨洞穴 (Pitsa Cave)
希腊国立考古博物馆, 希腊, 雅典

　　壁画和木板画在古代备受推崇, 但现在已知的古代壁画和木板画几乎无一例外只能靠后世的描述和衍生品来证实其存在。希腊现存最早的木板画是皮萨水神殿的四幅献祭木板画。这些木板画使用了蛋彩画的技法, 除了古风时期标准的四色, 还用到朱砂和雄黄等多种矿物颜料。画中的小型场景有着明显的宗教色彩。图中这一幅保存最为完好, 由尤西蒂卡 (Euthydika) 和尤可丽丝 (Eucholis) 两位女性供奉, 描绘了三个妇女、三个孩子和一个男人在献祭动物之前倾洒祭酒的场景。

铅铸祭品

约公元前 650—前 500 年

铅·马高: 2.4 厘米，女像高: 3.5 厘米，战士高: 3.5 厘米，有翼女神高: 3.5
厘米·古风时期

来自希腊，斯巴达，阿尔忒弥斯（Artemis）和奥昔亚（Orthia）神庙

菲茨威廉博物馆，英国，剑桥

　　在斯巴达，阿尔忒弥斯和奥昔亚神庙可能设立于公
元前 9 世纪，不过纪念寺庙在古风时期早已有之。崇拜
者将阿尔忒弥斯和奥昔亚两位女神联系到一起，她们独
有的特征反映了彼时斯巴达人对生育及保护和教育子女
的关注。诗人阿尔克曼的作品可以反映古风时期宗教崇
拜仪式的性质，更能体现出斯巴达社会中妇女的自由和
地位。从这座神庙中已经发现了超过十万件此类祭物：
供来访的参拜者奉献的神明、战士、动物、花环和衣服
等形制的便宜铅铸祭品。

献祭面具

约公元前 600—前 500 年
赤陶·尺寸：未知·古风时期
来自希腊，斯巴达，阿尔忒弥斯和奥昔亚神庙
斯巴达考古博物馆（Archaeological Museum of Sparta），希腊，
斯巴达

　　阿尔忒弥斯和奥昔亚神庙已经出土了数百个完整或几乎完整的模制赤陶面具和数千块碎片。这系列文物有七种类型，包括战士、蛇发女妖和右图的老年人。并非所有的面具都是真人大小，有些面具还缺乏某些面部特征。因此，它们不太可能被戴过。有说法称它们的原型是容易腐烂的亚麻或木制面具，只有那些面具才会在神庙里进行的舞蹈和仪式中使用。用赤陶来制作作为祭品的面具或许显示了戏剧表演与宗教仪式之间的联系。

伊利里亚头盔和死者面具

约公元前 520 年
青铜和金·高：22 厘米，直径：20.5 厘米·古风时期
来自希腊，哈尔基季基半岛（Chalkidiki），辛佐斯（Sindos）墓地 115 号墓
塞萨洛尼基考古博物馆，希腊，塞萨洛尼基

　　与文化的其他方面一样，马其顿在古风时期的墓葬手段也与南方大为不同。雅典和其他城邦将圣殿设为主要展示场所，马其顿的精英阶层则一直使用墓地来布置丧葬。因此，女性一直有精致的器物陪葬，男性"勇士墓"在这里比在希腊其他地方留存得更久。马其顿丰富的贵金属储量深刻影响了该地的艺术、经济和政治。黄金可能从加利科斯河（Gallikos River）里淘来，而后在辛佐斯被打造成镶嵌物和首饰，或在极少情况下被制成下页所示的凸纹面具。

跳水者之墓

约公元前470年
多孔石灰石·盖板长: 2.2米, 宽: 1.1
米·古典时期
来自意大利, 帕埃斯图姆 (Paestum)
帕埃斯图姆国家考古博物馆
(National Archaeological Museum
of Paestum), 意大利, 帕埃斯图姆

"跳水者之墓"是仅有的两幅完好的古典或古风时期纪念性画作之一。画作绘于盖板内侧, 运用湿壁画的技法, 描绘了一个裸体的人跳入水湾或溪流的场景。跳水的主题在希腊艺术中独一无二, 最近有学者认为跳水的动作象征着死亡, 整个场景则代表了对彼岸安宁的许诺。墓室的四壁描绘了酒会的场面, 死者被安放于这注定永恒的宴会中心。陪葬品里还有一个龟壳, 或许代表供死者演奏的里尔琴。

铰接女俑

约公元前500—前400年
赤陶·高: 12厘米·古风时期至古典时期
出处未知
大都会艺术博物馆, 美国, 纽约

　　尽管通常被称为玩偶, 古风和古典时期铰接式女俑的功用范围其实比简单的儿童玩物要广泛得多。图中这件模制的女俑身穿短"希顿", 头戴"珀洛斯"头饰, 可能代表着与生育崇拜和婚姻有关的仪式舞者。这些俑像可能是由即将成年的女性供奉给神明的新娘像。而作为墓中的祭品, 它们可能具有与地府有关的象征意义, 考虑到有钻孔和穿线的痕迹(如右图所示), 它们也可能是护身符。

埃格皇陵

约公元前340—前300年
石灰石·尺寸：未知·古典时期至希腊化时期
来自希腊，伊马夏，韦尔吉纳
埃格皇家陵墓博物馆，希腊，韦尔吉纳

埃格皇陵是一座直径约一百一十米、高十三米的地下墓穴，包括四间墓室和一个英雄祠。"独立柱墓"（Tomb of the Freestanding Columns）几乎已完全损毁，现存最小的"珀尔塞福涅墓"（Tomb of Persephone）是一座被盗的石棺墓室，其中有一男一女和五个婴儿的遗骸。它保留了希腊化时期最重要的壁画作品。壁画可能由底比斯的尼科马乔斯（Nikoomachos）所作，墓室北墙绘有珀尔塞福涅被绑架的场景，东墙绘有正在哀悼的德墨忒耳，南墙上则绘有命运三女神：克洛索（Clotho）、拉克西斯（Lachesis）和阿特

腓力二世的骨灰可能用酒淋洗过，后被精致的织有金线的紫色布料包裹，最后装入图中这只金制骨灰盒中。盒盖重约八千克，其上雕刻有所谓的"马其顿之星"（Macedonian Sun），这个政治图腾在如今颇具争议。

洛波斯（Atropos）。"王子墓"（Tomb of the Prince）的前厅以战车场景作为装饰，未经装饰的主室内置一个银罐，里面是包裹着的一位十四岁男性的骨灰。"Ⅱ号墓"被认定为腓力二世和梅达的墓，两人的骨灰分别存于主室和副室的金制骨灰盒中。"Ⅱ号墓"和"王子墓"都是带筒形拱顶的马其顿式墓室。墓室外墙有模仿多立克式建筑的石膏装饰图案。"王子墓"的大理石门两侧原有一对浮雕盾牌，而"Ⅱ号墓"的外墙则包含两个端柱、两个多立克式半柱和一条绘制精美的狩猎饰带，画中人物就有腓力二世和亚历山大大帝。

希腊化时期
公元前323—前31年

创新与求变

《萨莫色雷斯的胜利女神》
（*The Nike of Samothrace*）立
于战船船头状的底座上，俯
瞰着萨莫色雷斯神庙的剧
场，它可能是罗德岛的居
民为纪念公元前190年锡德
（Side）海战的胜利而建立。

公元前338年，腓力二世在喀罗尼亚（Chaeronea）战役中大胜，希腊（斯巴达除外）就此臣服于马其顿的霸权之下。眼看大陆形势已经稳固，腓力二世把目光转向了东方。然而，他于公元前336年在埃格被守卫刺杀，向东征讨的大业只能留待其子亚历山大三世完成。亚历山大往亚洲的东征使希腊的势力得到空前的扩散。在伊苏斯（Issus）的胜利让他得以控制小亚细亚半岛南部。公元前332年，埃及的提尔（Tyre）在被围困六个月后沦陷。公元前331年，他在高加米拉击败大流士三世，阿契美尼德王朝就此崩塌，马其顿帝国的势力到达了印度河（Indus River）。公元前329年，他挺进巴克特里亚－索格底亚纳（Bactria-Sogdiana），并于公元前326在如今位于巴基斯坦的许达斯佩斯河（Hydaspes River）打败印度国王波罗斯（Porus）的军队，攻下最后一城。亚历山大征战扩张的野心显然只在希法西斯（Hyphasis）受到过叛变的阻碍，他的手下似乎没有他那样的雄心。

公元前323年，亚历山大逝世，这标志着希腊化时期的开始。在他死后，他麾下的将领和亲信预备瓜分大帝昔日的江山，一系列内部冲突也因此被触发，史称"继业者战

争"（Wars of the Diadochoi）。这些冲突当中穿插着各种外交协议、几场重大战役，以及马基雅维利主义政治，彻底改变了"希腊"的定义。从这些冲突中，三大王室浮出水面：埃及的托勒密王朝、马其顿的安提柯王朝和亚细亚的塞琉古王朝。后来又出现了希腊－巴克特里亚王国（Greco-Bactrian Kingdom）和印度－希腊王国（Indo-Greek Kingdom）。这就是希腊化时期物质文明发展的政治框架，其结果就是形成了混合文明——既非希腊，亦非土著，而是新的文化形态。在这一时期，许多重要的发展都在希腊大陆以外发生。

希腊化时期的物质文明可以说是古典时期的延续，不过古典时期的形式和主题又在被改造以适应地方的风格和环境。神庙及其对应的节庆继续被资助，纪念建筑继续被建造。然而，在建筑方面，曾被广泛用于寺庙和世俗公共建筑的多立克柱式逐渐被精致的爱奥尼亚柱式与用于外部装饰的科林斯柱式取代。科林斯柱式最早出现在雅典古典时期晚期的里斯科拉特斯合唱纪念碑（Choragic Monument of Lysikrates）上，公元前280年托勒密二世在萨莫色雷斯所建的神庙（Propylon of Ptolemy II）入口还有科林斯柱式和爱奥尼亚柱式元素的混合。正是在公元前2世纪，科林斯柱式的艺术潜力开始得到充分发挥。在留西波斯（Lysippos）的引领下，雕塑艺术开始拥抱自然主义和现实主义，公元前280年波吕科托斯（Polyeuktos）的《德摩斯梯尼像》（Demosthenes）即是典范。在帕加马（Pergamon），《垂死的高卢人》（Dying Gaul，公元前3世纪中叶）和后来宙斯祭坛（Great Altar of Zeus）上的"巨人之战"反映着巴洛克风格的发展。就戏剧而言，创作的言论自由受到限制，"新喜剧"逐渐从古典时期的政治讽喻转向更安全的主题，开始设置日常化的角色。

这块铜铸匾牌为新月形，中央是人头，发现于阿伊哈努姆的凹龛庙（Temple of the Indented Niches），可能反映了当地人对月亮的崇拜。

在这一时期，科学和天文学方面有所进步，较为突出的人物包括锡拉库萨的阿基米德（Archimedes）、萨摩斯的阿利斯塔克（Aristarchus）和昔兰尼（Cyrene）的埃拉托色尼（Eratosthenes）。在哲学家们的引领下，几大主要的哲学流派形成。由埃利斯（Elis）的皮浪（Pyrrho）创立的怀疑论质疑绝对真理的存在和事物的不可确定性；公元前300年左右，最初是犬儒学派的芝诺（Zeno）创立了斯多葛派，提出了所谓的理性美德；创立于公元前307年左右的伊壁鸠鲁学派则推崇生活中的精神愉悦。公元前3世纪初，亚里士多德逍遥学派的一名成员在阿富汗的阿伊哈努姆（Ai Khanoum）被证实，他携带着来自"德尔斐神谕"的格言集（或道德守则）来这里游历。

从公元前2世纪开始，罗马在希腊的影响力日益显露。公元前146年，科林斯被穆米乌斯（Mummius）的军队围攻。公元前86年，苏拉（Sulla）占领雅典。公元前31年亚克兴战役（Battle of Actium）后，随着托勒密王朝最后的统治者克里奥帕特拉七世（Cleopatra VII）于公元前30年去世，希腊化时期走到了终结，希腊最终成为罗马帝国的附庸。

迪迪马（Didyma）的阿波罗神庙是希腊化时期最重要的庙宇之一，人们认为它是被毁的古风时期前身的替代品，于公元前300年开始建造，工程持续了一个多世纪，然而这座神庙未能竣工。

喜剧演员陶像

约公元前320年
赤陶·高：13厘米·希腊化时期
出处未知，据说来自希腊，比雷埃夫斯（Piraeus）
大英博物馆，英国，伦敦

　　赤陶面具和俑像是现存
最多与戏剧相关的文物，因
为当时戏剧在穷人和富人中
间都很流行。喜剧人像的独特
之处在于它们能提供有关戏装和
角色塑造的信息，由此揭示希腊
化时期的社会对某些群体的看法
和接纳程度。右图陶像塑造了一
个出逃的奴隶形象。他戴着喇叭
嘴面具，腹部塞着软垫，下身安
着凸出的皮革阳具，正躲在祭坛
上，也许是为了逃避愤怒主人的
责罚。

外使法令铜匾

约公元前300—前250年
青铜·高: 54厘米·希腊化时期
来自希腊, 奥林匹亚宙斯圣殿
希腊国立考古博物馆, 希腊,
雅典

　　奥林匹亚赛会在希腊化时期仍然很受欢迎, 奥林匹亚的体育设施和赛事本身的组织计划都在当时受到资助并持续更新发展。这块铜匾上的法令任命德莫克拉特斯 (Demokrates) 为埃利斯的外使, 德莫克拉特斯是来自爱琴海北部忒涅多斯岛 (Tenedos) 的奥林匹亚摔跤冠军。作为外使, 德莫克拉特斯须在自己的社区中维护埃利斯人的利益, 承担从外交到通商等各种义务。德莫克拉特斯也会被授予一些特权, 包括在埃利斯拥有土地和免税的权利。

剧作家浮雕石匾

约公元前100—公元100年
大理石·高：48.5厘米，宽：59.5厘米·希腊化时期
出处未知
普林斯顿大学艺术博物馆，美国

　　这块石匾描绘了希腊新喜剧作家米南德（Menander，公元前341—前292年）的人物形象。"新喜剧"这种体裁逐渐摒弃了旧喜剧和中喜剧时期的社会政治批判传统，开始关注诸如爱情和金钱等日常事务。米南德创作了一百多部戏剧，但只有一部《恨世者》（Dyskolos）完整流传。"新喜剧"多用套路角色，石匾中的米南德正在观察三个面具——青年、少女和老人。桌上的卷轴表明他正停笔以寻求灵感。

帕罗斯碑

公元前264年后
大理石·A段（上图）最高处：
57厘米，B段高：39厘米·希腊
化时期
来自基克拉泽斯群岛，帕罗斯
A段收藏于阿什莫尔博物馆，英
国，牛津；B段收藏于帕罗斯考
古博物馆，希腊，帕罗斯

帕罗斯碑最初高约两米，虽然现在已经破碎不再完整，但它仍是现存最早的希腊编年史文物。它是丢格那托斯（Diognetus）在位期间（公元前264/263年）编刻的纪念石碑，有选择地记录了从雅典第一位国王刻克洛普斯（Kekrops）统治时期（约公元前1581年）到优克泰蒙（Euctemon）执政时期（公元前299/298年）的重大历史事件。石碑上的铭文将历史与神话编织在一起，提到了丢卡利翁（Deucalion）经历的洪水（约公元前1528年）和特洛伊战争的开始（约公元前1218年）等事件。由于其上诸多条目都涉及文学史，有学者提出，石碑可能曾经被置于一个供奉希腊抒情诗人阿尔基洛科斯的帕罗斯神龛中。

埃尔金王座

约公元前300年
大理石·高: 81.5厘米·希腊化时期
出处未知,已知来自希腊,雅典
J. 保罗·盖蒂博物馆,美国,马里布

　　这尊仪座或王座最初的位置尚不明确,可能是
剧场前排贵宾座席的一部分,甚至可能来自雅典的
狄俄尼索斯剧院,这些座位都会留给公务官员或者
对城邦有贡献的人。王座上部边缘的铭文可能是献
上王座之人的名字——波厄多斯(Boethos)。王座
表面刻满了浮雕图案:背后是一对花环,左边是击
倒亚马逊人的忒修斯,右边是两位"弑僭者"
哈尔摩狄奥斯(Harmodios)和阿里
斯托革顿(Aristogeiton)。整
体的主题为雅典之自由。

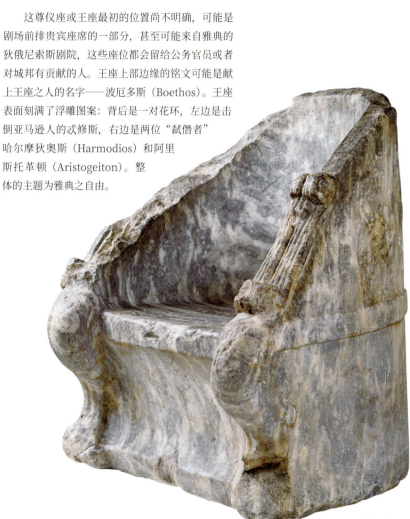

安提凯希拉装置

约公元前150—前100年
青铜和木头·(修复后)高: 34厘米, 宽: 18厘米·希腊化时期
来自希腊, 安提凯希拉 (Antikythera) 岛附近的海域
希腊国立考古博物馆, 希腊, 雅典

安提凯希拉装置是一套相当精密的天体运行周期计算工具。木制框架内, 至少由三十个齿轮组成的复杂机械装置驱动指针在多个输出刻度盘上运转, 以追踪太阳、月球和行星的周期。正面的两个主刻度盘可显示任何一天里太阳和月亮相对于黄道带的位置和古埃及历法日期, 月亮指针上的旋转球或能指示月相。上方和下方的铭文提供了年度天文现象的索引列表。背面的刻度盘可显示默冬周期和卡利巴斯周期、日食和月食的周期(沙罗周期和"转轮"周期)和希腊节日周期。"封面"的铭文可以看作是"操作手册", 而"封底"的铭文则提供了有关水星、金星、火星、木星和土星的会合周期的信息。如此复杂的装置直到中世纪才出现。现在对拥有这套装置的天文学家的身份以及负责制造装置的机构的认定仍存在争议。在安提凯希拉岛失事的这艘船似乎从爱琴海东部航行而来, 或许要驶往意大利。有学者认为船只与罗德岛存在联系, 罗德岛是天文学家希帕恰斯的故乡。

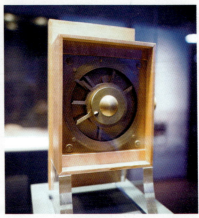

安提凯希拉装置于1901年被潜水员发现, 遗留部分包括八十多块碎片。现代扫描技术使复原装置和解读铭文成为可能。

圆筒日晷

约公元前145年前
石灰石·高: 44.5厘米·希腊化时期
来自阿富汗, 阿伊哈努姆的训练场
阿富汗国家博物馆 (National Museum of Afghanistan), 阿富汗,
喀布尔 (Kabul)

　　希腊化时期见证了各种日晷的发展, 图中这件
圆筒日晷堪称独一无二。圆筒内原先有一根轴向的
青铜晷针, 通过在刻有两组时间线的筒壁上留下
阴影来指示时间。阿伊哈努姆位于北纬37°, 而时
间线对应的纬度为北纬23°, 可能是以位于埃及赛
伊尼 [Syene, 今阿斯旺 (Aswan)] 或印度乌贾因
(Ujjain) 的天文中心为参考系而计算划定的。日晷
可能是该地训练场天文课上的示范模型。

半身像石柱

约公元前200—前150年
石灰石·高: 77厘米·希腊化时期
来自阿富汗，阿伊哈努姆的训练场
阿富汗国家博物馆，阿富汗，喀布尔

　　半身像石柱多见于训练场。图中的
人物已被初步确定为某个名为斯特拉托
斯（Stratos）的人，他的儿子特利巴洛斯
（Triballos）和小斯特拉托斯曾出现在当地
题献给体育保健之神赫拉克勒斯和赫尔墨斯
的铭文中。他们为重建公共训练场提供了资
金，其父可能担任过体育监督官一职，他的
监管职责在马其顿韦里亚的一块大约同年
代的石碑上有所描述。半身像左手曾持
青铜棒，头戴带状冠冕，两者或许都
是地位的象征。

哲学家头像

约公元前240年
青铜·高：29厘米·希腊化时期
来自希腊，安提凯希拉岛附近的海域
希腊国立考古博物馆，希腊，雅典

　　除了安提凯希拉装置（见第240页），安提凯希拉沉船在公元前1世纪沉没时还携带着一大批物品，既有大理石雕像和家具，也包括乘客或船员的个人财物。其中有一些人随船沉没，他们的遗骸已被陆续发现。与头像一起发现的碎片表明人像可能披着希玛纯长袍，左手持杖，右手以演说姿势举起。他可能是一位犬儒学派的哲学家，通常被认为是玻里斯提尼斯（Borysthenes）的比翁（Bion，约公元前320—前250年）。

伽倪墨得斯珠宝

约公元前300年
金·尺寸：多种·希腊化时期
出处未知，据说发现于希腊，塞萨洛尼基附近
大都会艺术博物馆，美国，纽约

　　这套精美的珠宝反映了希腊化时期马其顿王朝的繁荣，以及在亚历山大统治下希腊向外扩张导致的艺术碰撞与融合。一对金耳环上，化身为老鹰的宙斯正抱着特洛伊的王子伽倪墨得斯（Ganymede）飞向天际，这套珠宝因此得名。镶有已抛光但未琢面的祖母绿宝石的金戒指代表着希腊化时期的风尚，新品种的贵重宝石和半宝石已经可以通过东方的贸易路线获得。羊头卡扣的水晶手镯则体现了波斯风格的配对手镯在当时的流行。

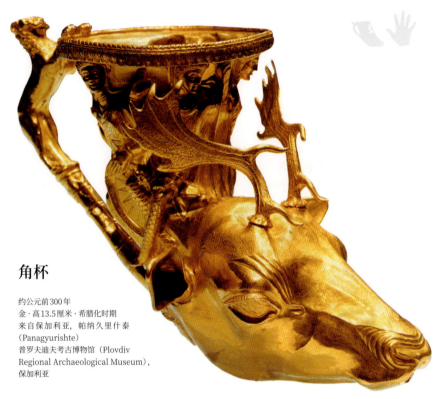

角杯

约公元前300年
金·高13.5厘米·希腊化时期
来自保加利亚，帕纳久里什泰
（Panagyurishte）
普罗夫迪夫考古博物馆（Plovdiv
Regional Archaeological Museum），
保加利亚

  这件外形为雄鹿的角杯属于名为"帕纳久里什泰宝藏"的九件金器组。这组金器体现了波斯、希腊和色雷斯的艺术影响，原先可能是由"继业者"利西马科斯（Lysimachus）或"独眼"安提柯一世（Antigonus I Monophthalmus）送给色雷斯当地领袖苏特斯三世（Seuthes III）的外交礼物。标明重量的铭文或可证明其铸造于特洛阿德（Troad）北部（今土耳其北部）的兰普萨柯斯（Lampsakos）。角杯手柄的末端为狮子和女性头部的形状，杯身描绘了"帕里斯（Paris）的审判"的场景，缀点的铭文写明了场景里的人物：帕里斯、赫拉、雅典娜和阿佛洛狄忒。

双柄长颈高水瓶

约公元前320—前300年
陶·高：78.7厘米·希腊化时期
出处未知，据说来自意大利，普利亚大区（Puglia），
法萨诺（Fasano）
大英博物馆，英国，伦敦

    格纳西亚（Gnathia）陶器自公元前
360年开始生产，到公元前250年左右绝
迹。这种制作技艺源自意大利普利亚的格
纳西亚，故而得名。这种陶器既大量出
口，又在本地被广泛模仿，其特点是在黑
釉上使用多色装饰，常带有如图所示的垂
直罗纹。这件双柄长颈高水瓶上的绘画出
自这种风格最重要的画家——"卢浮瓶画
家"（Painter of the Louvre Bottle）之
手。瓶身有彩绘浮雕装饰，瓶盖上绘有长
着翅膀的女性，瓶盖手柄的造型为一只立
于黄色莲花中间的孔雀。

镂空发网

约公元前300—前200年
金·总直径: 23厘米, 中央垂饰直径: 11.4厘米·希腊化时期
出处未知, 据说来自希腊, 卡尔派尼西 (Karpenissi)
希腊国立考古博物馆, 希腊, 雅典

　　希腊化时期的女性使用过各色各样的发饰, 包括发袋、头巾和发网, 但发饰不全为美观装饰之用。女性的头发与性有着隐秘的内在联系, 而使用发饰将头发打理得规整则表明女性对社会习俗的自觉与接受。尽管如此, 女性在公共场合的着装仍然十分重要, 即使是发饰也可以精致美好。上页的饰品很可能是一件发网, 中央的垂饰表面有用凸纹技术打造的阿尔忒弥斯半身像, 外框是数圈同心圆环, 圆环间有珠线, 圆环内或刻有装饰图案, 镶有半宝石和绿色嵌饰。

托勒密一世雕像

约公元前300年
黑玄武岩·高: 64厘米·希腊化时期
出处未知, 据说来自埃及, 尼罗河三角洲 (Nile Delta)
大英博物馆, 英国, 伦敦

　　这尊据称在井里发现的雕像可能为托勒密一世, 那美斯式头巾和蛇头饰物彰显着他的王权与神权。托勒密一世是亚历山大东征期间的老兵, 亚历山大死后, 他与其他继任者进行了旷日持久的争斗, 以夺得属于自己的领土。他先担任了埃及的总督, 后于公元前305年获得法老的头衔, 从而建立起托勒密王朝。

亚历山大镶嵌画

约公元前120—前100年
大理石·(包括边框)高: 3.1米, 宽: 5.8米·希
腊化时期或罗马共和国晚期
来自意大利, 庞贝古城, 法恩(Faun)宫
那不勒斯国家考古博物馆(Naples National
Archaeological Museum), 意大利

亚历山大镶嵌画是一幅装饰地面
的镶嵌画, 位于庞贝一处豪宅的会厅
内, 是罗马贵族按希腊的艺术风格命
人制造的。镶嵌画包含约一百五十万
片嵌块, 很可能是以公元前4世纪末
希腊的一幅纪念画作为蓝本, 画中的
场景则很可能是宫殿。镶嵌画的主
题通常被认为是公元前333年的伊苏
斯战役, 这场胜利使亚历山大得以控
制小亚细亚半岛南部。画面左侧的前
景中, 亚历山大骑着他的良驹比塞弗
勒斯(Bucephalus), 而画面右侧,
波斯国王大流士三世驾着战车, 为死
于亚历山大长矛下的士兵扼腕痛惜。

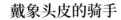

戴象头皮的骑手

约公元前300—前200年
青铜·高：24.8厘米·希腊化时期
出处未知，据说来自埃及，尼罗河三角洲，阿斯比斯（Athribis）
大都会艺术博物馆，美国，纽约

亚历山大凭借非凡的军事才能使希腊的版图扩张至阿富汗和印度西北部。图中的人像曾配有马匹和武器，可能就是亚历山大。这个形象呼应了其他在亚历山大死后将其塑造为披着狮皮的赫拉克勒斯的做法，或许意在彰显他在东方世界取得的胜利。这尊人像也可能是亚历山大的前任将领、后来埃及的统治者托勒密一世或托勒密王朝的其他统治者，意在借用亚历山大的形象巩固自己的统治，此前托勒密一世就曾利用过亚历山大的遗体。

战象模型

约公元前200—前150年
赤陶·高: 11.2厘米·希腊化时期
来自希腊, 利姆诺斯岛 (Lemnos),
米里纳墓场
卢浮宫, 法国, 巴黎

　　重型战象被亚历山大引入希腊的军队, 并继续在东方
被他的继任者使用。象背上的运载轿厢外有盾牌防护, 内
里可容纳少数配备有远程武器的部队。厚布可为大象的侧
腹提供一些保护, 而大象的双腿和颈部等关键部位则需要
盔甲来抵御攻击。这件模型展示了大象践踏加拉太勇士的
情形, 可能是指阿塔洛斯一世 (Attalos Ⅰ) 在加拉太战
争中打败托利斯托波伊人 (Tolistoagii) 或特克托萨季人
(Tektosages), 从而夺得王权的历史典故。后人在帕加马
的雅典娜神庙立碑以纪念这些胜利。

阿尔铁米西昂赛马骑师像

约公元前150—前146年
青铜·高2.1米，长2.9米·希腊化时期
来自希腊，埃维亚岛，阿尔铁米西昂海角
（Cape Artemision）附近的海域
希腊国立考古博物馆，希腊，雅典

　　阿尔铁米西昂赛马骑师像的原型是一个非洲男孩，他骑着一匹奔腾的马，眼睛朝肩后看去，用马鞭或马刺（现已遗失）驾驭着马匹前行，与之同在一艘船上的希腊化时期货物还有阿尔铁米西昂宙斯像。这座铜像是最早的动态赛马雕像，由更早的战车和马术等创作题材演变而来。它可能是由一位希腊富人为纪念单人赛马比赛获胜而设立于圣所的胜利纪念像，也可能是罗马将领穆米乌斯于公元前146年从科林斯掠夺来的战利品，在船只失事时正被运去帕加马，将要作为礼物被送给阿塔洛斯二世（Attalos Ⅱ）。

胜利青年像

约公元前300—前100年
青铜·高：1.5米·希腊化时期
来自意大利，法诺（Fano）的亚得里亚（Adriatic）海岸附近的海域
J.保罗·盖蒂博物馆，美国，马里布

　　胜利青年像头戴的橄榄枝花环表明他是一位体育竞赛的获胜者，这是当时流行的以"自我加冕的运动员"为主题的雕像的典例。他可能曾经手握棕榈叶，或由奥林匹亚和尼米亚的裁判授予。铜像完全有可能是从奥林匹亚偷盗而来的，其下肢的破坏或许是与底座分离时造成的。这尊铜像的归属权在法律上颇受争议。

米洛斯的维纳斯

约公元前150—前50年
大理石·高：2米·希腊化时期
来自希腊，基克拉泽斯群岛，米洛斯，特拉米希亚（Tramythia）
卢浮宫，法国，巴黎

对女性裸体的描绘是希腊化艺术最重要的发展之一，完全是当时特定文化环境催生的结果。希腊化时期的东方为妇女提供了更大程度的公共自由，许多亚洲国家对女性裸体没有任何忌讳。希腊化时期的君主提升了女性在王室中的地位，降低了男性公民地位。这座阿佛洛狄忒的雕像立于米洛斯的公共训练场中，也许意在保护年轻人。手臂的残片表明她的左手曾握着一个苹果，右手则指着左手的苹果，这也证明她就是帕里斯的审判中的胜者。

卡诺萨玻璃器皿

约公元前225—前200年
玻璃·（右上）圣酒杯高:11.1厘米，（左中）夹金玻璃碗高:12厘米，（右下）带耳的玻璃碗高: 9厘米·希腊化时期
出处未知，据说来自意大利，普利亚，卡诺萨（Canosa）的一座墓
大英博物馆，英国，伦敦

　　玻璃容器在古典时期的希腊世界已广为人知，但其生产规模在希腊化时期急剧增加。这些玻璃器皿属于一批质量高、透明度好的玻璃器物，深受意大利南部卡诺萨当地的精英阶层青睐，并在之后跟随他们一起入土。它们或许是最早人工制造的整套玻璃餐具，也是最早的夹金玻璃器皿，采用了在两层玻璃中间填入精致金箔图案的做法。这些玻璃器皿可以肯定是进口的，也许产自地中海东部地区的作坊。

巴尔的摩画家陶瓶

约公元前320—前310年
陶·高: 1.1米·希腊化时期
出处未知
沃尔特斯美术博物馆（Walters Art Museum），美国，巴尔的摩

　　意大利南部的红绘陶器生产始于公元前5世纪晚期的普利亚地区，瓶画师在阿提卡接受训练，在希腊的殖民地塔拉斯（Taras，今意大利塔兰托）内外工作。在这个过程中，红绘陶器逐渐适应意大利当地的市场条件，与希腊大陆的样式差别越来越大。涡状双耳喷口瓶是最具普利亚特色的瓶器，专门用于墓葬。这只陶瓶出自当时普利亚最重要的瓶画师"巴尔的摩画家"（Baltimore Painter）之手。陶瓶A面描绘了赫尔墨斯和珀尔塞福涅等人，B面描绘了一个小庙中的坎帕尼亚（Campania）战士，其周围都是参拜献祭的人。

卡利地亚纪念碑

约公元前320年
大理石·高：8.3米·希腊化时期
来自希腊，阿提卡，卡利地亚（Kallithea）
比雷埃夫斯考古博物馆，希腊，雅典

　　这座墓也被称为"耐克拉托斯和波利克塞诺斯遗址"（Monument of Nikeratos and Polyxenos），是希腊化时期雅典最奢华的墓穴之一。纪念碑平台上的铭文表明，墓主为来自黑海伊斯特罗斯（Istros）的外籍居民耐克拉托斯以及他的儿子波利克塞诺斯。平台装饰有雕刻着公牛和狮鹫的饰带，再往上的高台则有彩绘的"亚马逊之战"场景。遗址主体的小庙里有三座人像：体形最大的无疑是耐克拉托斯，他穿着希玛纯长袍，中间裸身站立的就是他的儿子，最右侧的则是他们的奴隶。负责建造这座墓的建筑师可能从位于哈利卡纳苏斯[Halicarnassus，今土耳其博德鲁姆（Bodrum）]的摩索拉斯王陵墓（Mausoleum）汲取了灵感。

琴图里佩婚礼陶瓶

约公元前300—前100年
陶·高: 9.4厘米·希腊化时期
出处未知
大都会艺术博物馆，美国，纽约

公元前3世纪和公元前2世纪期间，西西里产出了精致非凡的琴图里佩（Centuripe）陶器，或许是对意大利南部红绘陶瓶产业变化的响应。琴图里佩陶器专门用于墓葬，有时会配上如图所示的假盖，通常会在烧制完成后用蛋彩画的技法在瓶身上描绘家庭场景中的女性。因为瓶画不耐磨损，故而陶瓶不会作日常生活之用。婚礼陶瓶是专门用于婚嫁仪式的礼器。这只陶瓶表面描绘了新娘为婚礼做准备的场景，可能意在表达陶瓶主人未婚而亡故的事实，或是指当时较为普遍的对狄俄尼索斯的崇拜，展示了其所承诺的死后生活。

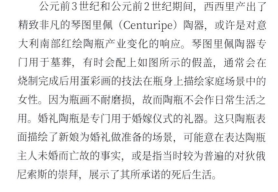

西坡陶碗

约公元前300—前200年
陶·高: 6.2厘米·希腊化时期
出处未知
波士顿美术馆，美国，波士顿

西坡陶器因其被发现于雅典卫城的西坡得名，但在希腊的各个工艺中心和作坊都有生产，阿提卡的陶艺家和瓶画师也不再占据曾经的领先地位。这类陶器在黑釉外用红色和白色颜料绘制自然和抽象图案，是希腊化时期陶器制作工艺适应和变化的典型，也体现了物质文明层面更广泛的发展。在此期间，用模具生产的器物和印制的图案越来越受欢迎，正如这只陶碗底部的蛇发女妖所示。碗底中心的头像四周为四片花瓣，碗壁上环绕着牛头图案，这只陶碗很可能是用来避邪的。

哈德拉陶瓶

约公元前226—前225年
陶·高：42.5厘米·希腊化时期
出处未知
大都会艺术博物馆，美国，纽约

哈 德 拉（Hadra）陶 瓶 因 在 埃 及 亚 历 山 大
（Alexandria）东部的哈德拉墓中集中出现而得
名。这些陶瓶曾被用作骨灰坛，死者可能是在埃及
宫廷去世的外国贵宾，或者是跟随亚历山大或他
的继任者托勒密一世来到埃及的雇佣兵领袖和希
腊士兵。少数陶瓶还保留着铭文，标明了死者的
姓名、职级、出生地和死亡日期。这只陶瓶上标
明的死者为弗凯亚（Phocaea）的希埃洛尼德斯
（Hieronides），他于公元前226年12月15日至公
元前225年1月13日在带领使节到托勒密三世的宫
廷途中去世。现代的分析表明，很多这样的陶瓶其
实是从克里特岛上的作坊进口到亚历山大的，这也
反映出希腊化时期经济贸易的复杂和广泛程度。

仪式用镀金银板

约公元前300年
金和银·直径: 25厘米·希腊化时期
来自阿富汗, 阿伊哈努姆, 凹龛庙
阿富汗国家博物馆, 阿富汗, 喀布尔

阿伊哈努姆位于奥克苏斯河（Oxus，阿姆河的旧称）与科克恰河（Kokcha）汇流处，占据战略要位。这座希腊－巴克特里亚城市在希腊式的城市规划下，融合了希腊化时期背景下希腊与当地的社会文化与建筑传统。城内的宫殿和房屋等建筑复刻了多见于中亚、两河流域和阿契美尼德时期的伊朗等地的细节，主要的寺庙也都遵循了东方的范式。然而，在这里被供奉的神明似乎都源于希腊，或者是希腊和亚洲的混合体。一块来自寺庙神像的脚部残片属于宙斯，他可能与东方的神明密特拉（Mithras）一同受人供奉。也有证据表明这里曾有过混合了希腊和当地异教的崇拜活动。

这块表面镀金的银板既体现了阿伊哈努姆颇为世界化的面貌，也能表明当地艺术的混合属性。库柏勒（Cybele）女神坐着由胜利女神驾驶的狮驱战车，她们头顶是太阳神赫利俄斯（Helios），这些都是常见的希腊神话形象。然而，在战车后面撑着伞的赤脚祭司以及画面右侧在坛上献祭的另一个祭司都具有东方特色，战车的原型可能源自阿契美尼德王朝。

阿伊哈努姆（在乌兹别克语中意为"月亮夫人"）最初可能是由塞琉古一世（Seleucus I）在公元前300年左右建立，后于公元前145年左右落入游牧民族月氏（Nomadic Yue-tche）之手。如今，非法考古发掘留下的坑洞遍布阿伊哈努姆遗址，其下游的城市也因为近来的军事活动而几乎被完全摧毁。

塔纳格拉女俑

约公元前325—前300年
赤陶·高34厘米·希腊化时期
来自希腊，维奥蒂亚，塔纳格拉
旧博物馆（Altes Museum），德国，柏林

　　公元前4世纪，女性肖像艺术逐渐在雅典流行，塔纳格拉风格的女俑或从此时发展而来，尽管这种风格并不局限于女性。这种风格颇为自然，人物衣着华美，神态淡定自若，但其塑造的女性并非神明，而是凡人，从活泼的着装和发型便可知她们的地位。她们通常头戴太阳帽或花环，手持扇子，可能是正在参与公共仪式的精英阶层女性。这些女俑多见于墓葬和圣所，可以说是真人大小女性雕像的缩小版本，相较而言也更不正式，但颇为深入地展示了希腊化时期女性的着装和生活观念。

胜利使者雅典娜神庙山门

约公元前180年
大理石·高：9米·希腊化时期
来自土耳其，帕加马卫城
帕加马博物馆（Pergamon Museum），德国，柏林

　　帕加马国王欧迈尼斯二世（Eumenes II）曾对当地的雅典娜神庙进行大修，在庙殿内增加了新的柱廊，并建造了图中这座气势恢宏的山门。山门为两层柱廊的样式，刻有将神庙重新献给"胜利使者"（Nikephoros）雅典娜的铭文。饰带上刻有橡树叶、橄榄枝花环、鹰和猫头鹰的花纹。翻修的二层柱廊的栏杆上雕刻了船首攻锤、弩炮架等战利品图案，但这里最初可能是通常装饰内部柱廊的神话场景。

亚历山大石棺

约公元前320—前300年
大理石·高:1.9米,底座长:3.2米·希腊化时期
来自黎巴嫩,西顿王陵(Royal Necropolis of Sidon)
伊斯坦布尔考古博物馆,土耳其

这座石棺是希腊化时期浮雕的典范,棺主通常被认为是阿布达洛尼姆斯(Abdalonymus),根据后世记载,他被亚历山大任命为西顿国王,以替代亲波斯的前任君主。与西顿其他石棺一样,这座石棺的外形以神庙为原型,但石棺表面所雕刻的都是希腊人的图像。石棺表面有一大半的面积都刻画了希腊(马其顿)和波斯之间战争的场面,其中就有亚历山大本人,剩余部分则是狩猎的场景。三角楣饰上还描绘了一场希腊与波斯之间的冲突,很可能是马其顿将领帕迪卡斯(Perdiccas)被刺杀的场面(约公元前320年)。

宙斯祭坛

约公元前170—前160年
大理石·长：36.8米，宽：34.2
米·希腊化时期
来自土耳其，帕加马卫城
帕加马博物馆，德国，柏林

　　宙斯祭坛是希腊化时期巴洛克风格雕塑的巅峰之作，这种风格旨在激发"灵魂的升华"。高出视平线的台座上方，"巨人之战"的浮雕饰带铺陈开来，只在西侧楼梯处断开，参拜者正是从这里进入内庭，到达祭坛。帕加马王国这一弘扬国威的宣传手段或许是受了前人诗歌的启发，但无论是其整体气势之恢宏，或是浮雕饰带图像的密集与生动，都超越了古典时期的同类建筑。内部柱廊上的一条较小的饰带描绘了帕加马的创立者忒勒福斯（Telephos）的生平事迹，这也是第一个呈现连续叙事的雕塑作品。

词汇表

Acrolith 石木雕像：使用混合材料的塑像，通常身体由木材或赤陶制成，四肢由石头制成。

Acropolis 卫城：城邦的要塞。

Agora 市政广场：公共区域，希腊城邦的经济和行政中心。

Anthropomorphic 拟人化：表现或模仿人的外形。

Archon 执政官：主要地方行政长官。

Black Figure 黑绘：从科林斯发展起来的陶艺绘制技巧，陶器烧制完成后，在表面勾勒黑色轮廓或刻入其他细节。

Caryatid 女像柱：支撑横梁的女性雕像。

Centaur 半人马：希腊神话中的混种生物，上半身是人类男性的躯干，下半身是马的身体。

Chiton 希顿：由两块布组成的束腰长袍，沿边缘用针线缝合以形成领口和袖口。

Chthonic 地府的：居住于地府或与地下世界相关的。

Corinthian 科林斯柱式：柱头用层层堆叠的莨苕叶形状装饰的建筑柱式。

Cycladic 基克拉迪的：与青铜时代基克拉泽斯群岛的文化有关。

Cyclopean 巨石的：迈锡尼的石块构造建筑方法，使用巨大的未加工或粗加工的石块堆积。

Doric 多立克柱式：一种建筑柱式，柱头少有装饰，由方形和锥台形的两部分组成；檐壁饰带由三角槽纹的排档和排档间饰构成。原词也可指一种希腊方言。

Egg tempera 蛋彩：由颜料、蛋黄和水混合而成。

Filigree 金银丝工艺：以金、银丝和珠子为材料的金属装饰工艺。

Fresco（湿）壁画：壁画技法，在新粉刷的熟石灰泥壁上用颜料绘制，即得到"湿壁画"（buon fresco），在干燥后比直接用颜料在干燥泥壁上绘制的"干壁画"（fresco secco）更耐久。

Gorgon 蛇发女妖：戈耳工三姐妹，最常出现的是美杜莎，后被珀尔修斯杀死。

Granulation 黄金造粒工艺：将大量黄金细珠焊接至金器表面的金属装饰工艺。

Helladic 赫拉迪克的：与青铜时代希腊大陆的文化有关。

Hexameter 六音步诗行：由六个音步（重读与非重读音节的特殊组合）构成的诗行，多见于史诗（六音步长短短格或英雄格）。

Himation 希玛纯：交缠于肩上的披身长外衣。

Hippeis 希皮斯：梭伦（Solon）财产分级体系的第二等公民，谷物年产达到三百斗的雅典人。

Ionic 爱奥尼亚柱式：柱头有涡形装饰，檐壁饰带连续不断的建筑柱式。原词也可指一种多见于小亚细亚的希腊方言。

Lapidary 玉石匠：打造贵重宝石和非贵重宝石的匠人。

Megaron 迈加隆：由门廊、前厅和正厅构成的建筑单位。

Minoan 米诺斯的: 与青铜时代克里特岛的文化、居民和语言有关。

Nymphaeum 水神殿: 供奉水神仙女的神殿。

Panhellenic 泛希腊的: 与整个希腊有关。

Pankration 古希腊式搏击: 结合角力和拳击两种运动元素的体育项目。

Pentathlon 古希腊五项竞技: 包含铁饼、标枪、赛跑、角力和跳远五项运动的体育项目。

Peplos 佩普洛斯长袍: 将整块矩形布料对折后在上侧再向外翻折一层, 再别针固定两肩节点处的厚长袍。

Phoenician 腓尼基人: 希腊对公元前20世纪末到公元前10世纪黎凡特 (Levant) 地区居民的称谓。尤指位于比布鲁斯 (Byblos)、提尔和西顿的城市。

Polis 城邦: 城市国家, 由城市、乡村领土和公民群体构成。

Polos 珀洛斯: 圆筒形平顶帽, 尺寸不一, 常与女性神明关联。

Portico 柱廊: 有列柱的通道, 或是由间隔均匀的柱子与三角楣饰搭建而成的入口。

Protome 头模: 以人或动物的头部和上半身为原型的装饰物。

Red Figure 红绘: 从雅典发展起来的陶艺绘制技巧, 用线条勾画出图案的轮廓和细部, 再把图案以外的底子涂上黑釉后进行烧制。

Repoussé 凸纹工艺: 通过从反面捶凿金属片形成凸起浮雕的金属装饰工艺。

Retrograde 倒书: 从右到左书写的铭文。

Satyr 萨蒂尔: 狄俄尼索斯的男性随从, 长有尾巴和尖耳, 携带着酒杯和乐器, 通常耽于淫欲。

Sarcophagus 石棺: 泛指用石头、赤陶或木头等材料制成的棺材, 字面意思为"食肉者"。

Scarification 刺刻: 在身体上留下刻痕的行为。

Shaft Grave 竖井墓: 墓坑竖直, 既大又深, 墓顶由石墙支

撑的墓葬。

Sphinx 斯芬克斯: 希腊神话中有翼、狮身、人面的女妖, 在索福克洛斯的悲剧《俄狄浦斯王》(*Oedipus Rex*) 中是底比斯的守护者。

Stucco 灰泥: 熟石灰。

Tholos (Mycenaean)(迈锡尼) 圆顶墓: 规模宏大、石砌的半地下墓穴, 主墓室带有由叠涩法砌成的墓顶, 另有墓门和墓道。

Trireme 三桨座战船: 两边各有三排桨的战船, 希腊语为"Trieres"。

Tyrannicides 弑僭者: 本书中指哈尔摩狄奥斯和阿里斯托革顿, 两人刺杀了雅典僭主希帕科斯 (Hipparchos, 公元前514年), 后被尊为民主的英雄。

Wanax 瓦纳克斯: 作为国家元首的迈锡尼统治者 (线形文字B为Wa-na-ka)。

Zoomorphic 兽形: 表现或模仿动物或动物神明的外形。

索引 （加粗处为相应图片的页码）

A

acrobat 杂技演员 86，**86**

Aghia Triadha Sarcophagus, The 阿基亚特里亚达石棺 124，**124**

Akmatidas Halter, The 阿科马提达斯持重跳远砝码 160-161，**160-161**

Alexander Mosaic, The 亚历山大镶嵌画 252-253，**252-253**

Alexander Sarcophagus, The 亚历山大石棺 273，**273**

Alexander 亚历山大头像 153，**153**

amphorae 双耳细颈瓶

    belly-handled amphora 瓶肚有把手的双耳瓶 142，**142**

    bilingual amphora 双色绘双耳陶瓶 174-175，**175**

    black-figure amphora 黑绘双耳细颈瓶 164-165，**164**

    Panathenaic amphora 泛雅典娜赛会双耳细颈瓶 163，**163**

    Polyphemus Amphora, The 波吕斐摩斯双耳细颈瓶 186，**186**

Antikythera Mechanism 安提凯希拉装置 240-241，**241**

Argos Panoply, The 阿尔戈斯全副盔甲 140-141，**140-141**

armour 盔甲

    Argos Panoply, The 阿尔戈斯全副盔甲 140-141，**140-141**

    cuirass 胸甲 202-203，**202**

    Dendra panoply 登德拉全副盔甲 102-103，102-103

Artemis and Apollo 阿尔忒弥斯和阿波罗 218-219，**218-219**

Artemision Jockey, The 阿尔铁米西昂赛马骑师像 256，**256**

aryballoi 香熏油瓶 156，**156**

axe head 斧头 19，**19**

B

basin with wrestlers at the rim 摔跤手铜盆 169，**169**

beads, pendants and amulets 贝珠、吊坠和护身符 20-21，**21**

Bee Pendant, The 蜜蜂吊坠 79，**79**

biconical spindle whorl 双锥形纺锤轮 18，**18**

bifacial handaxe 双面手斧 16，**16**

blade core 石锋 27，**27**

Bluebeard Pediment, The 蓝胡子楣饰 182-183，**182-183**

Boar Hunt Fresco, The 猎猪壁画 94-95，**95**

bone tube 骨筒 37，**37**

boundary stone 界碑 162，**162**

bowls 碗

    bowl 陶碗（约公元前6500—前5800年）18，**18**

    Dimini Ware bowl 迪米尼陶碗 24，**24**

    hemispherical bowl with modelled figures 内含人形塑像的半球形碗 63，**63**

    spouted bowl 带嘴的碗 36，**36**

    West Slope Ware bowl 西坡陶碗 265，**265**

Boxer Rhyton, The 拳击手角杯 114，**114**

bronze griffin protome 狮鹫头模 126

C

Canosa Group glassware 卡诺萨玻璃器皿 259, **259**

Centaur 半人马陶像 131, **131**

Centuripe Ware lebes gamikos 琴图里佩婚礼陶瓶 264-265, **264**

ceremonial plate 仪式用镀金银板 268-269, **268**

chariot model 战车模型 98, **98**

chest, modelled 谷仓箱 132, **132**

coins 钱币

　Athenian tetradrachm 雅典四德拉克马银币 157, **157**

cuirass 胸甲 202-203, **202**

cups 杯

　Cup of Nestor, The 内斯特杯 136-137, **136**

　Cup of Pheidias, The 菲狄亚斯杯 192, **192**

　Solid Style cup 单色花纹杯 23, **23**

　Vapheio Cups, The 瓦斐奥杯 84-85, **84**

　Vasiliki Ware teapot and cup 瓦西利基陶制茶壶和茶杯 32-33, **32-33**

cylindrical polar sundial 圆筒日晷 242-243, **243**

D

Delphi Charioteer, The 德尔斐驾车人 187, **187**

Dendra panoply 登德拉全副盔甲 102-103, **102-103**

Derveni Krater, The 代尔韦尼双耳喷口杯 216-217, **216**

Dimini Ware bowl 迪米尼陶碗 24, **24**

Dipylon Oinochoe, The 迪普隆酒壶 135, **135**

discus 铜饼 172, **172**

E

Elgin Throne, The 埃尔金王座 239, **239**

F

Fat Lady of Saliagos, The 萨利亚哥斯的胖女人 46-47, **46-47**

fibula of Attic-Boeotian type 阿提卡-维奥蒂亚式胸针扣环 180, **180**

figurines 俑像

　articulate female figurine 铰接女俑 227, **227**

　Fat Lady of Saliagos, The 萨利亚哥斯的胖女人 46-47, **46-47**

　female athlete 女运动员 166, **166**

　female figurine 女俑 (约公元前6500—前5800年) 44, **44**

　female figurine 女俑 (约公元前6500—前5800年) 26, **26**

　figurine of a barber 理发师像 167, **167**

　figurine of a comic actor 喜剧演员陶像 234, **234**

　harpist and flautist figurines 琴师和笛师石像 54-55, **54-55**

　head of a folded arm figurine 叠臂石像头部 38-39, **39**

　horse figurine 马俑 144-145, **145**

　kourotrophos figurine 考罗卓芙丝陶俑 45, **45**

　monumental folded-arm figurine 叠臂纪念石像 53, **53**

　Psi, Tau and Phi figurines Ψ、Τ、Φ女俑 107, **107**

　Tanagra figurine 塔纳格拉女俑 270-271, **271**

　votive figurine 献祭俑像 106, **106**

　warrior figurine 战士铜像 139, **139**

Fisherman Fresco, The 渔夫壁画 116-117, **117**

François Vase, The 弗朗索瓦陶瓶 181, **181**

frescoes 壁画

　Boar Hunt Fresco, The 猎猪壁画 94-95, **95**

　Fisherman Fresco, The 渔夫壁画 116-117, **117**

　Grandstand Fresco, The 看台壁画 113, **113**

Pylos Bard Fresco, The 皮洛斯诗人壁画 96-97, **96-97**

Toreador Fresco, The 斗牛士壁画 83, **83**

"frying pans" "平底锅" 陶盘 30-31, **30-31**

G

Ganymede Jewelry, The 伽倪墨得斯珠宝 246-247, **246**

Gigantomachy Pediment, The 巨人之战楣饰 184, **184**

goblets 高脚杯

Grey Minyan goblet 灰色米尼安高脚杯 62, **62**

Goddess of Myrtos, The 米尔托斯女神 52, **52**

gold-foil ornaments 金箔饰品 78, **78**

gold leaf from body of an infant 装饰婴孩尸身的金箔 108, **108**

gorytos 弓袋箭箙 208-209, **208**

Grandstand Fresco, The 看台壁画 113, **113**

Great Altar of Zeus, The 宙斯祭坛 274-275, **274-275**

Great Code of Gortyn《戈提那法典》石碑 170, **170**

Greece 希腊 7-9

city-states and citizens 城邦与公民 151-153

collapse and renewal 崩溃与复兴 127-129

from foraging to farming 从觅食到农耕 13-15

innovation and adaptation 创新与求变 231-233

map of ancient Greece 古希腊地图 10-11

Middle and Late Bronze Age 中晚期青铜时代 59-61

Grey Minyan goblet 灰色米尼安高脚杯 62, **62**

H

Harvester Vase, The 采收者瓶 115, **115**

heads 头像

female head 女俑头部 125, **125**

head of a philosopher 哲学家头像 245, **245**

ivory heads 象牙头雕 192, **192**

helmets 头盔

boar's tusk helmet 野猪獠牙头盔 100, **100**

Boeotian helmet 维奥蒂亚头盔 211, **211**

Helmet of Miltiades, The 米提亚德头盔 197, **197**

Illyrian helmet and death mask 伊利里亚头盔和死者面具 224-225, **225**

Hermaic pillar 半身像石柱 244, **244**

Homer 荷马 137, **137**

Homo heidelbergensis skull 海德堡人头骨 12

honorary decree 外使法令铜匾 235, **235**

hoplite statue, Sparta 斯巴达重装步兵像 150, **150**

house model 房屋模型（约公元前 5500—前 5300 年）22, **22**

house model 房屋模型（约公元前 1700—前 1675 年）68, **68**

I

Ionic Erechtheion, Acropolis 雅典卫城爱奥尼亚柱式神庙 152, **152**

Ivory Triad, The 三人象牙雕像 122, **122**

J

Jars 罐

collared jar 带底座的储物罐 48, **48**

globular jar 球形陶罐 25, **25**

inscribed stirrup jar 拱形把手铭文陶罐 77, **77**

stirrup jar 拱形把手陶罐 130, **130**

storage jar 储物罐 76, **76**

jewelry 珠宝

beads, pendants and amulets 贝珠、吊坠

和护身符 20-21, **21**

Bee Pendant, The 蜜蜂吊坠 79, **79**

Ganymede Jewelry, The 伽倪墨得斯珠宝 246-247, **246**

gold jewelry 金饰 40-41, **40**

pendant earrings 吊坠耳环 133, **133**

signet rings 印戒 118-119, **118-119**

silver bracelet 银手镯 35, **35**

K

kalathos 陶篮 143, **143**

Kallithea Monument, The 卡利地亚纪念碑 262-263, **262**

Kamares Cave, Crete 克里特岛卡马雷斯洞穴 67, **67**

Kamares Ware beaked jug 卡马雷斯陶制带嘴水壶 66-67, **66**

kernos 环形敞口瓶 104-105, **104**

kleroterion 投票器 171, **171**

Kouros of Kroiso, The 克洛伊索斯青年像196, **196**

kraters 双耳喷口杯

Derveni Krater, The 代尔韦尼双耳喷口杯 216-217, **216**

Kamares Ware krater with relief decoration 带浮雕装饰的卡马雷斯陶制双耳喷口杯64-65, **65**

pedestalled krater 带底座的双耳喷口杯 148-149, **149**

Kritios Boy 克里蒂奥斯男孩185, **185**

kylixes 基里克斯杯

kylix 双耳高脚浅底酒杯（约公元前1315—前1190年）74-75, **74**

red-figure kylix 红绘双耳浅口大酒杯（约公元前480年）178, **178**

red-figure kylix 红绘双耳浅口大酒杯（约公元前490—前480年）176-177, **176**

L

labrys, miniature 微型双斧 109, **109**

Lekythos of Xenophantos, The 色诺芬托斯细颈有柄长油瓶 193, **193**

Lenormant Relief, The 勒诺尔芒浮雕 199, **199**

Linear B tablets 线形文字B板 72-73, **72**

Lion Gate, Mycenae 迈锡尼狮子门 59, **59**

Lion Hunt Dagger, The 猎狮匕首 81, **81**

longboat model 长船模型 29, **29**

loutrophoros 双柄长颈高水瓶 249, **249**

lyre 里尔琴 88-89, **88**

M

marble eye 石眼 201, **201**

Mask of Agamemnon, The 阿伽门农面具 110-111, **111**

Miniature Frieze, The 小型壁画 92-93, **92-93**

model of a war elephant 战象模型 255, **255**

mosaics 镶嵌画

Alexander Mosaic, The 亚历山大镶嵌画 252-253, **252-253**

Town Mosaic, The 小镇镶嵌画 69, **69**

Mousterian leaf point 莫斯特式叶形石尖 17, **17**

Myrina Hoard, The 米里纳钱币窖藏 154-155, **154-155**

Myron's Discobolos, copy of 米隆《掷铁饼者》复制品 173, **173**

N

Name Vase of the Baltimore Painter 巴尔的摩画家陶瓶 260-261, **261**

Naxian Sphinx, The 纳克索斯岛狮身人面像 212-213, **213**

Nikandre Kore, The 尼康德列少女像 214, **214**

Nike of Samothrace, The 萨莫色雷斯的胜利女神 230, **230**

O

Olympia 奥林匹亚 146, **146**

openwork hairnet 镂空发网 250-251, **250**

ostraka 陶片 168, **168**

oxhide ingot "牛皮" 锭 75, **75**

P

Parian Marble, The 帕罗斯碑 238, **238**

Parthenon Marbles, The 帕特农神庙浮雕群像 188-189, **188-189**

Peplophoros, The 佩普洛斯女雕像 215, **215**

Phaistos Disc, The 费斯托斯圆盘 70-71, **71**

Pitsa panels 皮萨木板画 220-221, **220-221**

plate, ceremonial 仪式用镀金银板 268-269, **268**

Polyphemus Amphora, The 波吕斐摩斯双耳细颈瓶 186, **186**

Priest King, The 祭司王 90-91, **91**

propylon of the Sanctuary of Athena Nikephoros 胜利使者雅典娜神庙山门 272, **272**

prow ram 船首攻锤 200, **200**

Ptolemy I, statue of 托勒密一世雕像 251, **251**

Pylos Bard Fresco, The 皮洛斯诗人壁画 96-97, **96-97**

pyxes 盒

hut pyxis 屋形石盒 28, **28**

pyxis 脂粉盒 94, **94**

pyxis with modelled quadriga 驷马陶盒 134, **134**

zoomorphic pyxis 兽形石盒 34, **34**

R

reliefs 浮雕

Athenian Law Against Tyranny, The 雅典《反暴政法》石碑 179, **179**

Lenormant Relief, The 勒诺尔芒浮雕 199, **199**

Priest King, The 祭司王 90-91, **91**

relief plaque depicting a playwright 剧作家浮雕石匾 236-237, **236-237**

rhyta 角杯

Boxer Rhyton, The 拳击手角杯 114, **114**

bull's head rhyton 牛头角杯 123, **123**

rhyton 角杯 (约公元前1675—前1460年) 112, **112**

rhyton 角杯 (约公元前300年) 248, **248**

Siege Rhyton, The 围战角杯 99, **99**

Riace Warriors, The 里亚切勇士 190-191, **190**

rider wearing an elephant scalp 戴象头皮的骑手 254, **254**

ring idol 环状人形护身符 48-49, **49**

Royal Tombs of Aigai 埃格皇陵 228-229, **228**

S

Sarcophagi 石棺

Aghia Triadha Sarcophagus, The 阿基亚特里亚达石棺 124, **124**

Alexander Sarcophagus, The 亚历山大石棺 273, **273**

sauceboat 船形酱碟 50-51, **51**

sceptre head 权杖头 82, **82**

sealstone with Cretan Hieroglyphic script 克里特象形文字印石 70, **70**

sealstones with naturalistic motifs 自然图案印石 87, **87**

Serpent Column, The 蛇柱 198, **198**

Siege Rhyton, The 围战角杯 99, **99**

signet rings 印戒 118-119, **118-119**

silver bracelet 银手镯 35, **35**

Snake Goddess and attendant, The 持蛇女神与女仆 120-121, **120-121**

Solid Style cup 单色花纹杯 23, **23**

Spartan shield 斯巴达盾 210, **210**

stelae 碑

casualty list 阵亡士兵名录 207, **207**
grave stele 墓碑 100-101, **101**
Stele of Dexileos, The 德克西罗斯石碑 204-205, **205**
Stone of Bybon, The 拜邦之石 159, **159**

T
Tanagra figurine 塔纳格拉女俑 270-271, **271**
Temple of Apollo, Didyma 迪迪马阿波罗神庙 233, **233**
throne room at Knossos, Crete 克诺索斯王座正厅 61, **61**
Tomb of the Diver, The 跳水者之墓 226, **226**
Toreador Fresco, The 斗牛士壁画 83, **83**
Town Mosaic, The 小镇镶嵌画 69, **69**
Treasury of Atreus, Mycenae 迈锡尼阿特柔斯宝藏 60, **60**
tripod cauldron 三足铜锅 146-147, **147**

V
Vapheio Cups, The 瓦斐奥杯 84-85, **84**
vases 瓶
　Chigi Vase, The 奇吉酒壶 194-195, **194-195**
　duck vase 鸭形饰瓶 80, **80**
　François Vase, The 弗朗索瓦陶瓶 181, **181**
　Hadra vase 哈德拉陶瓶 266-267, **267**
　Harvester Vase, The 采收者瓶 115, **115**
　Name Vase of the Baltimore Painter 巴尔的摩画家陶瓶 260-261, **261**
　Warrior Vase, The 战士陶瓶 138, **138**
Vasiliki Ware teapot and cup 瓦西利基陶制茶壶和茶杯 32-33, **32-33**
Venus de Milo, The 米洛斯的维纳斯 258, **258**
Victorious Youth, The 胜利青年像 257, **257**
votives 祭物
　cast votives 铅铸祭品 222-223, **222-223**

votive figurine 献祭俑像 106, **106**
votive mask 献祭面具 224, **224**
votive plaque 祈祷牌 158, **158**

W
Warrior Vase, The 战士陶瓶 138, **138**
weapons 武器
　Lion Hunt Dagger, The 猎狮匕首 81, **81**
　long dagger 长匕首 43, **43**
　Mousterian leaf point 莫斯特式叶形石尖 17, **17**
　Neolithic arrowheads 新石器时代箭头 15, **15**
　projectile point 投射箭头 203, **203**
　slotted spearhead 带孔矛头 42, **42**
　spear-butt 矛尾 206, **206**
West Slope Ware bowl 西坡陶碗 265, **265**

Z
zoomorphic vessel 兽形容器 56-57, **56**

博物馆索引

阿富汗
　喀布尔
　　阿富汗国家博物馆
　　　仪式用镀金银板 268–269
　　　圆筒日晷 242–243
　　　半身像石柱 244

保加利亚
　普罗夫迪夫
　　普罗夫迪夫考古博物馆
　　　角杯 248

法国
　巴黎
　　卢浮宫
　　　《戈提那法典》石碑 170
　　　战象模型 255
　　　米洛斯的维纳斯 258
　　　祈祷牌 158
　　　船形酱碟 50–51

德国
　柏林
　　旧博物馆
　　　塔纳格拉女俑 270–271
　　帕加马博物馆
　　　胜利使者雅典娜神庙山门 272
　　　宙斯祭坛 274–275

希腊

阿尔戈斯
　阿尔戈斯考古博物馆
　　阿尔戈斯全副盔甲 140–141
阿尔塔
　阿尔塔考古博物馆
　　双面手斧 16
雅典
　卫城博物馆
　　蓝胡子楣饰 182–183
　　巨人之战楣饰 184
　　克里蒂奥斯男孩 185
　　佩普洛斯女雕像 215
　　勒诺尔芒浮雕 199
　比雷埃夫斯考古博物馆
　　石眼 201
　　船首攻锤 200
　　卡利地亚纪念碑 262–263
　希腊南部古人类学和洞穴学协会
　　莫斯特式叶形石尖 17
　古兰德里斯基克拉迪艺术博物馆
　　带嘴的碗 36
　　兽形石盒 34
　凯拉米克斯博物馆
　　德克西罗斯石碑 204–205
　古市政广场博物馆
　　雅典《反暴政法》石碑 179
　　界碑 162
　　阵亡士兵名录 207
　　谷仓箱 132
　　吊坠耳环 133
　　投票器 171

陶片 168

脂粉盒 94

斯巴达盾 210

希腊国立考古博物馆

"平底锅"陶盘 30-31

笛师石像 55

球形陶罐 25

线形文字 B 板 72-73

阿伽门农黄金面具 110-111

带孔矛头 42

安提凯希拉装置 240-241

阿尔铁米西昂赛马骑师像 256

瓶肚有把手的双耳瓶 142

猎猪壁画 94-95

野猪獠牙头盔 100

骨筒 37

陶碗 18

迪普隆酒壶 135

鸭形饰瓶 80

女运动员 166

女俑头部 125

阿提卡-维奥蒂亚式胸针扣环 180

渔夫壁画 116-117

装饰婴孩尸身的金箔 108

金箔饰品 78

墓碑 100-101

哲学家头像 245

外使法令铜匾 235

屋形石盒 28

三人象牙雕像 122

克洛伊索斯青年像 196

考罗卓芙丝陶俑 45

猎狮匕首 81

里尔琴 88-89

小型壁画 92-93

叠臂纪念石像 53

尼康德列少女像 214

镂空发网 250-251

皮萨木板画 220-221

驷马陶盒 134

环状人形护符 48-49

围战角杯 99

梯林斯印戒 118-119

瓦斐奥杯 84-85

战士铜像 139

战士陶瓶 138

兽形容器 56-57

钱币博物馆

"牛皮"锭 75

米里纳钱币窖藏 154-155

印戒 118-119

克里特岛

圣尼古拉奥斯考古博物馆

米尔托斯女神 52

伊拉克利翁考古博物馆

杂技演员 86

阿基亚特里亚达石棺 124

蜜蜂吊坠 79

拳击手角杯 114

牛头角杯 123

金饰 40-41

看台壁画 113

采收者瓶 115

内含人形塑像的半球形碗 63

房屋模型 68

伊索帕塔印戒 119

卡马雷斯陶制带嘴水壶 66-67

带浮雕装饰的卡马雷斯陶制双耳喷口杯 64-65

微型双斧 109

费斯托斯圆盘 70-71

祭司王 90-91

瓦西利基陶制茶杯 32
角杯 112
权杖头 82
自然图案印石 87
持蛇女神与女仆 120–121
斗牛士壁画 83
小镇镶嵌画 69
献祭俑像 106

德尔斐
德尔斐考古博物馆
阿尔忒弥斯和阿波罗 218–219
纳克索斯岛狮身人面像 212–213
德尔斐驾车人 187

埃莱夫西斯
埃莱夫西斯考古博物馆
波吕斐摩斯双耳细颈瓶 186

埃维亚
埃雷特里亚考古博物馆
半人马陶像 131

麦西尼亚州
霍拉考古博物馆
皮洛斯诗人壁画 96–97

纳夫普利翁
纳夫普利翁考古博物馆
贝珠、吊坠和护身符 20–21
登德拉全副盔甲 102–103

奥林匹亚
奥林匹亚考古博物馆
阿科马提达斯持重跳远砝码 160–161
菲狄亚斯杯 192
米提亚德头盔 197
拜邦之石 159
三足铜锅 146–147

帕罗斯岛
帕罗斯考古博物馆
萨利亚哥斯的胖女人 46–47

帕罗斯碑 238

斯巴达
斯巴达考古博物馆
献祭面具 224

底比斯
底比斯考古博物馆
拱形把手铭文陶罐 77

塞萨洛尼基
塞萨洛尼基考古博物馆
代尔韦尼双耳喷口杯 216–217
伊利里亚头盔和死者面具 224–225

韦尔吉纳
埃格皇家陵墓博物馆
胸甲 202–203
弓袋箭箙 208–209
象牙头雕 192
埃格皇陵 228–229

韦里亚
韦里亚考古博物馆
女俑 44

沃洛斯
沃洛斯考古博物馆
双锥形纺锤轮 18
战车模型 98
迪米尼陶碗 24
女俑 26
房屋模型 22
单色花纹杯 23

意大利
佛罗伦萨
佛罗伦萨国家考古博物馆
弗朗索瓦瓦陶瓶 181

拉科阿梅诺
阿布斯托别墅博物馆
内斯特杯 136–137

那不勒斯
　　那不勒斯国家考古博物馆
　　　　亚历山大镶嵌画 252–253
帕埃斯图姆
　　帕埃斯图姆国家考古博物馆
　　　　跳水者之墓 226
雷焦卡拉布里亚
　　雷焦卡拉布里亚国家考古博物馆
　　　　里亚切勇士 190–191
罗马
　　朱利亚别墅，伊特鲁里亚国家博物馆
　　　　奇吉酒壶 194–195
　　罗马国家博物馆
　　　　米隆《掷铁饼者》复制品 173

俄罗斯
　　圣彼得堡
　　　　艾尔米塔什博物馆
　　　　　　色诺芬托斯细颈有柄长油瓶 193

土耳其
　　伊斯坦布尔
　　　　伊斯坦布尔考古博物馆
　　　　　　蛇柱的蛇头 198
　　　　　　亚历山大石棺 273
　　　　伊斯坦布尔君士坦丁堡赛马场
　　　　　　蛇柱 198

英国
　　剑桥
　　　　菲茨威廉博物馆
　　　　　　铅铸祭品 222–223
　　　　　　银手镯 35
　　利物浦
　　　　世界博物馆

长船模型 29
伦敦
　　大英博物馆
　　　　雅典四德拉克马银币 157
　　　　斧头 19
　　　　石锋 27
　　　　卡诺萨玻璃器皿 259
　　　　带底座的储物罐 48
　　　　铜饼 172
　　　　喜剧演员陶像 234
　　　　灰色米尼安高脚杯 62
　　　　陶篮 143
　　　　双柄长颈高水瓶 249
　　　　帕特农神庙浮雕群像 188–189
　　　　Ψ、Τ、Φ 女俑 107
　　　　克里特象形文字印石 70
　　　　矛尾 206
　　　　托勒密一世石像 251
　　　　储物罐 76
　　　　瓦西利基陶制茶壶 32–33
牛津
　　阿什莫尔博物馆
　　　　维奥蒂亚头盔 211
　　　　帕罗斯碑 238

美国
　　巴尔的摩
　　　　沃尔特斯美术博物馆
　　　　　　巴尔的摩画家陶瓶 260–261
　　波士顿
　　　　波士顿美术馆
　　　　　　香熏油瓶 156
　　　　　　摔跤手铜盆 169
　　　　　　双色绘双耳陶瓶 174–175
　　　　　　黑绘双耳细颈瓶 164–165
　　　　　　理发师像 167

红绘双耳浅口大酒杯 176–177
西坡陶碗 265

剑桥

哈佛艺术博物馆，塞克勒博物馆
投射箭头 203

沃斯堡

金贝尔艺术博物馆
红绘双耳浅口大酒杯 178

马里布

J.保罗·盖蒂博物馆
埃尔金王座 239
叠臂石像头部 38–39
胜利青年像 257

纽约

大都会艺术博物馆
铰接女俑 227
香熏油瓶 156
琴图里佩婚礼陶瓶 264–265

伽倪墨得斯珠宝 246–247
哈德拉陶瓶 266–267
琴师石像 54
马俑 144–145
环形敞口瓶 104–105
双耳高脚浅底酒杯 74–75
泛雅典娜赛会双耳细颈瓶 163
带底座的双耳喷口杯 148–149
戴象头皮的骑手 254

费城

宾夕法尼亚大学考古学与人类学博物馆
长匕首 43
拱形把手陶罐 130

普林斯顿

普林斯顿大学艺术博物馆
香熏油瓶 156
剧作家浮雕石匾 236–237

图片出处说明

书中的每张图片均在图片说明中列出了相应的博物馆。对于各博物馆的慷允，作者在此表示衷心感谢。

12 Photo By DEA / A. DAGLI ORTI / De Agostini / Getty Images 14 Hercules Milas / Alamy Stock Photo 18 bottom Museum of Volos ©Hellenic Ministry of Culture and Sports / Archaeological Receipts Fund 19 © Trustees of the British Museum 20 Hercules Milas / Alamy Stock Photo 22 akg-images / Album / Oronoz 23 Museum of Volos ©Hellenic Ministry of Culture and Sports / Archaeological Receipts Fund 24 DeAgostini Picture Library / Scala, Florence 25 National Archaeological Museum, Athens ©Hellenic Ministry of Culture and Sports / Archaeological Receipts Fund 26 Museum of Volos ©Hellenic Ministry of Culture and Sports / Archaeological Receipts Fund 27 © Trustees of the British Museum 28 Leemage / Getty Images 29 © Walker Art Gallery, National Museums Liverpool / Bridgeman Images 30 akg-images / John Hios / johnhios 31 Photo by DeAgostini / Getty Images 32 © 2016. Marie Mauzy / Scala, Florence 34 DeAgostini Picture Library / Scala, Florence 35 DeAgostini Picture Library / Scala, Florence 36 Photo by DeAgostini / Getty Images 37 National Archaeological Museum, Athens ©Hellenic Ministry of Culture and Sports / Archaeological Receipts Fund 39 Photo by VCG Wilson / Corbis via Getty Images 40 akg-images / jh-Lightbox_Ltd. / John Hios 41 Hackenberg-Photo-Cologne / Alamy Stock Photo 42 akg-images / De Agostini Picture Lib. / G. Dagli Orti 43 Courtesy of Penn Museum, image #295015 44 akg-images / Album / Oronoz 45 Photo Scala, Florence 46 Neolithic steatopygous female figurine from Saliagos, AM Paros, 887, 143827, User: Zde, URL: https://de. wikipedia.org/wiki/Datei:Neolithic_steatopygous_female_figurine_from_Saliagos,_AM_Paros,_887,_143827. jpg, https://creativecommons.org/licenses/by-sa/4.0/deed.de 47 Fette Frau von Saliagos 06, User: Olaf Tausch, https://commons.wikimedia.org/wiki/File:Fette_Frau_von_Saliagos_06.jpg, https://creativecommons.org/ licenses/by/3.0/deed.en 48 © Trustees of the British Museum 49 National Archaeological Museum, Athens ©Hellenic Ministry of Culture and Sports / Archaeological Receipts Fund 51 akg-images / Erich Lessing 52 White Images / Scala, Florence 53 DeAgostini Picture Library / Scala, Florence 54 Photo by DeAgostini / Getty Images 55 Photo by Leemage / Corbis via Getty Images 56 © 2016. Marie Mauzy / Scala, Florence 58 Ken Welsh / Alamy Stock Photo 60 Peter Eastland / Alamy Stock Photo 61 Ian Dagnall / Alamy Stock Photo 62 © Trustees of the British Museum 63 Alamy Stock Photo 65 Kevin Wheal / Alamy Stock Photo 66 Photo By DEA / G. DAGLI ORTI / De Agostini / Getty Images 67 Photo by DeAgostini / Getty Images 68 akg-images / jh-Lightbox_Ltd. / John Hios 69 Photo By DEA / G. NIMATALLAH / De Agostini / Getty Images 70 © Trustees of the British Museum 71 Photo by Leemage / Corbis via Getty Images 72 top National Archaeological Museum, Athens ©Hellenic Ministry of Culture and Sports / Archaeological Receipts Fund 72 middle, bottom

Photo By DEA / G. DAGLI ORTI / De Agostini / Getty Images 73 top Granger Historical Picture Archive / Alamy Stock Photo 73 bottom Photo by Express / Hulton Archive / Getty Images 74 © The Metropolitan Museum of Art / Art Resource / Scala, Florence 75 Athens Epigraphic and Numismatic Museum ©Hellenic Ministry of Culture and Sports / Archaeological Receipts Fund 76 © Trustees of the British Museum 77 akg-images / De Agostini Picture Lib. / G. Dagli Orti 78 akg-images / jh-Lightbox_Ltd. / John Hios 79 Photo Scala, Florence 80 Ancient Art and Architecture / Alamy Stock Photo 81 Leemage / Getty Images 82 De Agostini Picture Library / G. Dagli Orti / Bridgeman Images 83 Photo By DEA / G. NIMATALLAH / De Agostini / Getty Images 84 top © The Metropolitan Museum of Art / Art Resource / Scala, Florence 84 bottom Photo by DeAgostini / Getty Images 86 akg-images / jh-Lightbox_Ltd. / John Hios 87 Photo by DeAgostini / Getty Images 88 akg-images / Album / Prisma 91 De Agostini Picture Library / G. Dagli Orti / Bridgeman Images 92-93 De Agostini Picture Library / G. Nimatallah / Bridgeman Images 94 Photo by DeAgostini / Getty Images 95 Photo by: Leemage / UIG via Getty Images 96 Courtesy of The Department of Classics, University of Cincinnati 97 Image courtesy of the American School of Classical Studies at Athens, Athenian Agora Excavations 98 Photo By DEA / G. NIMATALLAH / De Agostini / Getty Images 99 Photo By DEA / G. DAGLI ORTI / De Agostini / Getty Images 100 Photo by DeAgostini / Getty ImagesPhoto by CM Dixon / Print Collector / Getty Images 101 Photo by Universal History Archive / UIG via Getty Images 102 Alamy Stock Photo 103 De Agostini Picture Library / G. Dagli Orti / Bridgeman Images 104 © The Metropolitan Museum of Art / Art Resource / Scala, Florence, Photo by DeAgostini / Getty Images 106 DeAgostini Picture Library / Scala, Florence 107 © Trustees of the British Museum 110 Hercules Milas / Alamy Stock Photo 111 Photo By DEA PICTURE LIBRARY / De Agostini / Getty Images 112 Photo By DEA / G. DAGLI ORTI / De Agostini / Getty Images 113 DeAgostini Picture Library / Scala, Florence 114 Photo by DeAgostini / Getty Images 115 DeAgostini Picture Library / Scala, Florence 117 Photo By DEA / G. NIMATALLAH / De Agostini / Getty Images 118 Alamy Stock Photo 119 Ancient Art and Architecture / Alamy Stock Photo 120 Photo by: PHAS / UIG via Getty Images 121 Photo By DEA / G. DAGLI ORTI / De Agostini / Getty Images 122 Photo By DEA / G. NIMATALLAH / De Agostini / Getty Images 123 Photo By DEA / G. NIMATALLAH / De Agostini / Getty Images 124 De Agostini Picture Library / G. Nimatallah / Bridgeman Images 125 Photo By DEA / G. DAGLI ORTI / De Agostini / Getty Images 126 Konstantinos Tsakalidis / Alamy Stock Photo 128 De Agostini Picture Library / G. Nimatallah / Bridgeman Images 129 photo_stella / Alamy Stock Photo 130 Courtesy of Penn Museum, image #295016 131 © 2016. Marie Mauzy / Scala, Florence 132 Image courtesy of the American School of Classical Studies at Athens, Athenian Agora Excavations 133 De Agostini Picture Library / G. Dagli Orti / Bridgeman Images 134 National Archaeological Museum, Athens ©Hellenic Ministry of Culture and Sports / Archaeological Receipts Fund 135 DeAgostini Picture Library / Scala, Florence 136 Maria Grazia Casella / Alamy Stock Photo 137 World History Archive / Alamy Stock Photo 138 © 2016. Marie Mauzy / Scala, Florence 139 National Archaeological Museum, Athens ©Hellenic Ministry of Culture and Sports / Archaeological Receipts Fund 140 DeAgostini Picture Library / Scala, Florence 141 Photo By DEA / G. DAGLI ORTI / De Agostini / Getty Images 142 National Archaeological Museum, Athens, Greece / Bridgeman Images

致谢

完成这本书的过程中，在英国和希腊的朋友和同事给了我许多帮助和建议。我想特别感谢海伦·墨菲-史密斯（Helen Murphy-Smith）博士，以及其他倾情为我提供帮助的人：特里斯坦·卡特（Tristan Carter）博士、比尔·卡瓦纳（Bill Cavanagh）教授、凯瑟琳·哈林顿（Katherine Harrington）博士、吉娜·穆斯凯特（Gina Muskett）博士、斯蒂夫·奥布莱恩（Stephen O'Brien）博士、安吉洛斯·帕帕佐普洛斯（Angelos Papadopoulos）博士、克里西·帕瑟尼（Chrissy Partheni）博士、凯瑟琳·佩雷斯（Catherine Perles）教授、约瑟夫·斯金纳（Joseph Skinner）博士和万吉利斯·图卢基斯（Vangelis Tourloukis）博士。

图片致谢

第15页，新石器时代中晚期箭头，由比尔·卡瓦纳教授和乔塞特·雷纳德（Josette Renard）博士提供。

第16页，阿舍利式双面手斧，由万格利斯·图卢基斯博士提供（转载自图卢基斯2010年的著作，图12）。

第17页，莫斯特式叶形石尖，由万格利斯·图卢基斯博士提供[转载自图尔卢基斯等作者2016年的著作，图11:7，照片由汤普森（N. Thompson）拍摄]。

第18页，陶碗，由安杰洛斯·帕帕佐普洛斯博士提供。

第20页，贝珠、吊坠和护身符，由凯瑟琳·佩雷斯教授提供。

第200页，船首攻锤，由凯瑟琳·哈林顿博士提供。

关于封面

泛雅典娜赛会双耳细颈瓶，约公元前530年，纽约大都会艺术博物馆。

图书在版编目（CIP）数据

口袋博物馆. 古希腊／（英）大卫·迈克尔·史密斯
著；宣奔昂译. -- 上海：上海文化出版社，2020.11
ISBN 978-7-5535-2119-0

Ⅰ. ①口… Ⅱ. ①大… ②宣… Ⅲ. ①文物－介绍－
古希腊 Ⅳ. ①K86

中国版本图书馆 CIP 数据核字（2020）第 180217 号

著作权合同登记号 图字：09-2019-877 号

出 版 人：姜逸青
选题策划：联合天际
责任编辑：赵光敏
特约编辑：徐立子　王羽鬻
封面设计：刘彭新
美术编辑：程　阁

关注未读好书

书　　名：口袋博物馆·古希腊
作　　者：大卫·迈克尔·史密斯
译　　者：宣奔昂
出　　版：上海世纪出版集团　上海文化出版社
地　　址：上海市绍兴路 7 号　200020
发　　行：未读（天津）文化传媒有限公司
印　　刷：北京利丰雅高长城印刷有限公司
开　　本：889×1194　1/32
印　　张：9.25
版　　次：2020 年 11 月第一版　2020 年 11 月第一次印刷
书　　号：ISBN 978-7-5535-2119-0/ K.234
定　　价：75.00 元

未读 CLUB
会员服务平台